KARL-HERMANN EMDE/ACHIM POLLERT
REINHARD RICHTER/PETER J. SCHNEIDER

CHECKLISTEN
SANIEREN
RENOVIEREN
MODERNISIEREN

KARL-HERMANN EMDE/ACHIM POLLERT
REINHARD RICHTER/PETER J. SCHNEIDER

CHECKLISTEN
SANIEREN
RENOVIEREN
MODERNISIEREN

✓ Kostengünstig
✓ Sicher
✓ Professionell

Die Deutsche Bibliothek – CIP-Einheitsaufnahme

Checklisten Sanieren, Renovieren, Modernisieren : kostengünstig, sicher, professionell / Karl-Hermann Emde ... - Landsberg am Lech : mvg-Verl., 1997
ISBN 3-478-71950-X

© mvg-verlag im verlag moderne industrie AG, Landsberg a. L.
  Internet: http//www.mvg-verlag.de
Umschlaggestaltung: Gruber & König, Augsburg
Satz: Fotosatz H. Buck, Kumhausen
Druck- und Bindearbeiten: Druckerei Himmer, Augsburg
Printed in Germany 071 950/997302
ISBN 3-478-71950-X

Inhalt

Vorwort

In einer Gemeinde hat ein Ehepaar ein älteres Anwesen gekauft, um sich dort zur Ruhe zu setzen. Nach dem Kauf erkundigt es sich bei der Gemeindeverwaltung, ob es denn Auflagen für den Ausbau der Fenster gebe.

Die Antwort kommt einer Katastrophe gleich. Das Haus ist denkmalgeschützt. Alle Maßnahmen der Sanierung und Renovierung sind mit der Denkmalsbehörde abzustimmen.

Eine solche oder ähnliche Situation wollen wir Ihnen ersparen. Sie sollen wissen:

- was Sie vor dem Kauf von älteren Häusern beachten müssen;
- welche baurechtlichen und juristischen Fallstricke es geben kann;
- was Sie alles – einschließlich des Materialeinsatzes – bei der Renovierung, Sanierung und Modernisierung eines Hauses beachten sollten.

„Drum prüfe, wer sich ewig bindet" – dieser Spruch gilt auch für den Käufer eines sanierungsbedürftigen Hauses. Nachfolgend werden wichtige Aspekte aufgezeigt, mit denen sich jeder potentielle Käufer eines Sanierungsobjekts kritisch befassen sollte.

Abkürzungsverzeichnis

AG	Auftraggeber
AN	Auftragnehmer
BauGB	Baugesetzbuch
BGB	Bürgerliches Gesetzbuch
bzw.	beziehungsweise
ca.	circa
d.h.	das heißt
EStG	Einkommensteuergesetz
ggf.	gegebenenfalls
HOAI	Honorarordnung für Architekten und Ingenieure
i.d.R.	in der Regel
LSM	Luftschallmaß
s.o.	siehe oben
TSM	Trittschallmaß
u.a.	unter anderem
VOB	Verdingungsordnung für Bauleistungen
WEG	Wohungseigentumsgesetz
z.B.	zum Beispiel
zzgl.	zuzüglich
ZPO	Zivilprozeßordnung

1. Vor dem Hauskauf – Augen auf und unbedingt kritisch prüfen!

Hohe Mieten, Arbeitsplatzwechsel, Geldanlage, der Wunsch nach einer größeren Wohnung, Wohnortwechsel u.a. sind Gründe für den Hauskauf. Das Interesse der Käufer trifft auf einen großen Markt, der Objekte in jeder Lage und jeder Preisklasse bereit hält. Privatleute, Maklerbüros, Bauträger und Immobilienabteilungen der Banken bieten spalten- und seitenweise Traumobjekte an, die jedoch oftmals nicht das halten, was die Offerten versprechen.

Unseriöse, professionelle Anbieter setzen oftmals auf das große Unwissen ihrer Kundschaft:

- Die ist zufrieden und greift häufig blind zu, wenn ...
- Sie unterschreibt Verträge, wenn ein großes Wohnzimmer vorhanden ist, nette Rhododendren am Gartenweg stehen und die Besonnung der Hauptwohnräume stimmt.
- Sie läßt sich blenden vom Vorhandensein von Rollos (Plastikrolläden) vor den Fenstern, Thermotapeten und Kunststoff-Fenstern und anderen netten Äußerlichkeiten.

Expertentip:
Achtung auch bei Zwangsversteigerungen. Prüfen Sie Ihr „Schnäppchen" eingehend. Sie können das Wertgutachten des Sachverständigen einsehen. Überprüfen Sie das Gutachten auch darauf, ob der Sachverständige das Objekt von innen besichtigen konnte. Vielfach verweigern Nutzer und Mieter die Innenbesichtigung. Hier besteht ein Risiko für den Ersteigerer.

Leichtsinnige und übereilte Käufe sind immer wieder zu beobachten – trotz aller Aufklärung in Wohn- und Fachzeitschriften, Sonderbeilagen der Tageszeitungen und den wohlmeinenden Ratschlägen von Freunden und Bekannten, die bereits einmal ein Haus gekauft haben bzw. schon länger Hausbesitzer sind.

Es gibt in Deutschland mehr als 70.000 freie Architekten und Ingenieure, die am Objekt relativ schnell erkennen, wo verborgene Schäden liegen, und die eventuellen Nachteile eines Hauses beurteilen können.

Expertentip:
Wenden Sie sich an einen Architekten, legen Sie ihm das Wertgutachten des Objekts vor, vereinbaren Sie seine Teilnahme bei der Hausbesichtigung. Doch Achtung: Klären Sie vorher das Honorar (üblich ist eine Abrechnung nach Stundensätzen; lassen Sie sich diesen Satz verbindlich schriftlich geben), dies bewahrt Sie im Zweifelsfall vor bösen Überraschungen.

Rechtlicher Rat zum Architektenhonorar

Entgegen landläufiger Meinung ist die Tätigkeit eines Architekten nur ausnahmsweise honorarfrei.

Die Vergütung, die ein Architekt verlangen kann, richtet sich nach der HOAI (Honorarordnung für Architekten und Ingenieure). Bereits die sogenannte Grundlagenermittlung (Klärung der Aufgabenstellung durch den Architekten und Beratung) ist als eine Tätigkeit anzusehen, für die ein Architekt einen Vergütungsanspruch hat.

Wer also einen Architekten anspricht und ihn beauftragt, „sich doch einmal das Haus anzuschauen, damit man sehen kann, ob sich ein Kauf lohnt", der beauftragt den Architekten bereits mit einer vergütungspflichtigen Leistung, nämlich mit der Grundlagenermittlung. Verlangt man gar Zeichnungen oder Skizzen von dem Architekten, so ist bereits das weitere Stadium der „Vorplanung" eingetreten, für das dem Architekten ein weiterer Vergütungsanspruch zusteht.

Nur in den seltensten Fällen ist die Tätigkeit eines Architekten unentgeltlich.

Expertentip:
Legen Sie schon von vornherein schriftlich mit dem Architekten fest, welches Honorar er für seine jeweiligen Leistungen bekommt.

Wer mit seinen Vorstellungen von Umbau oder Sanierung des Objekts schon weiter ist, der sollte mit dem Architekten schon einen festen Architektenvertrag abschließen, bei dem das Honorar unter Berücksichtigung der Honorartafel sowie der Honorarzone der *HOAI* nach den anrechenbaren Kosten des Objektes ermittelt wird.

Aber Vorsicht!
Schließt man mit dem Architekten einen Vertrag über die Sanierung des Objektes und stellt sich nach den ersten Planungen und Kostenberechnungen heraus, daß die Modernisierung/Sanierung doch weitaus teurer wird, als man ursprünglich geplant hat, dann kann man den Architektenvertrag zwar kündigen, der Architekt hat jedoch Anspruch auf die Vergütung der bis zu diesem Zeitpunkt erbrachten Leistungen. Dem Architekten stehen in diesem Fall die bis zum Kündigungszeitraum anteiligen verdienten Gebühren zu.

1.1 Die Lage ist entscheidend

Ein bekannter Rat für Immobilienkäufe lautet: „Es gibt drei Gründe für eine Immobilie: die Lage, die Lage und die Lage." Auch das schönste Haus mit qualitativ hochwertiger Ausstattung ist nicht mehr ganz so viel wert, wenn es an einer lauten, abgasbelasteten Hauptverkehrsstraße liegt.

Daneben ist in heutiger Zeit für das Immobilienangebot einer Stadt, Gemeinde oder einer Region häufig die Arbeitsmarktsituation ausschlaggebend. Drohen in einer Stadt Arbeitsplatzverluste durch Betriebsschließungen, Strukturveränderungen (ein Kurort verliert z.B. viele Arbeitsplätze durch den Einbruch der Kurnachfrage), erzielt der Verkäufer einen geringeren Preis, das Objekt wird für den Interessenten günstiger, es werden mehr Immobilien angeboten.

Expertentip:
Ein Hauskauf sollte nie überstürzt und übereilt erfolgen. Es ist immer ratsam und notwendig, die eigene Situation zu betrachten und sich über die eigenen Ziele und Wünsche klar zu werden.

Sie entscheiden bei einer Immobilie nicht, ob Ihnen wie beim Kauf einer Bluse oder einer Hose die Farbe steht, ob wie beim Kauf eines Wagens drei Türen letztlich doch nicht ausreichen und die Garage ganze 20 cm zu kurz ist, sondern – und das ist der alles entscheidende gravierende Unterschied – ob ihnen 3000 Pullover nicht stehen und 15 Autos nicht in die Garage passen!

Checkliste: Fragen, die Sie sich vor dem Kauf oder Bau stellen müssen

1. Warum und wieso möchten Sie ein Haus kaufen und/oder es sanieren bzw. renovieren oder umbauen?

Formulieren Sie Ihre Gründe für dieses Vorhaben.

2. Können Sie sich das Haus auch noch leisten, wenn Ihnen weniger Geld zur Verfügung steht, als Sie derzeit verdienen?

Lassen Sie steuerliche Vorteile zunächst außer acht, denn durch Sonderwünsche und nachträgliche Änderungswünsche wird das Haus meistens zwischen 15–20 % teurer als zunächst geplant.

3. Ist die Finanzierung gesichert?

- Ein Hauskauf ist eine langfristig wirkende Entscheidung, die auch langfristig (i.d.R. knapp 25–30 Jahre) zu finanzieren ist. Bedenken Sie dies auch bei Abschluß der Darlehensverträge.
- Bausparverträge sind nur dann günstig, wenn sie zuteilungsreif sind, d.h., wenn sie bereits so lange angespart sind, daß der Kredit zu den günstigen Bausparbedingungen gewährt werden kann. Haben Ihre Bausparverträge schon eine genügend hohe Bewertungsziffer, damit sie bald zuteilungsreif sind?
- Überprüfen Sie auf jeden Fall Bedingungen und Unterschiede der verschiedenen Finanzierungsarten.
- Lassen Sie sich einen vollständigen Tilgungsplan erstellen. Nur der Tilgungsplan, nicht der Effektivzins, zeigt Ihre tatsächliche Belastung.

4. Wie möchten Sie umbauen/sanieren?

- Bestimmte Baustoffe gelten als gesundheitsschädigend. Sie sollten also Alternativen in Erwägung ziehen.
- Neben der konventionellen Bauweise gibt es ökologische Alternativen, die nicht unbedingt mehr kosten. Erkundigen Sie sich bei dem Architekten Ihres Vertrauens oder bei Ihrem Bauunternehmen.

5. Gibt es staatliche Förderprogramme?

Erkundigen Sie sich bei den Banken nach verbilligten Baudarlehen. Gibt es Zuschüsse für Altbausanierung oder andere staatliche För-derprogramme?

Aber Achtung: Um von einem solchen Programm profitieren zu kön-nen, dürfen Sie das Haus noch nicht erworben bzw. noch nicht mit dem Umbau begonnen haben.

Beispiel: Förderprogramm der Kreditanstalt für Wiederaufbau (KfW) für Käufer bis zu 40 Jahren

Die Sonderkredite der Kreditanstalt für Wiederaufbau sollen vor allem dann helfen, wenn Eigenkapital und Fremdmittel nicht ausreichen, um den Kauf zu finanzieren.

Im einzelnen gelten hierfür folgende Bedingungen:

◆ Die Darlehen betragen höchstens 20 % der Gesamtkosten mit der Begrenzung auf den Höchstbetrag von 200 000 DM.

◆ Die jungen Familien müssen wenigstens einen Eigenkapi-talanteil von 20 % erbringen können.

◆ Die maximale Kreditlaufzeit beträgt 30 Jahre bei einer Til-gungsaussetzung von bis zu fünf Jahren.

◆ Der Zinssatz ist für zehn Jahre festgeschrieben; danach ent-spricht er dem aktuellen Marktzins.

◆ In Frage kommen junge Ehepartner mit oder ohne Kind, aber auch Alleinerziehende, sofern sie noch nicht 40 Jahre alt sind.

◆ Kauf bzw. Neubau von Eigentumswohnungen und Einfa-milienhäusern werden gefördert. Ihre Bank oder Bauspar-kasse gibt Ihnen nähere Informationen.

1.2 Rechtlicher Rat zu den mit dem Hauskauf verbundenen Kosten

Der Kauf von Haus und Eigentumswohnung muß notariell beurkundet werden. Die Kosten für die Beurkundung des Kaufvertrags sowie die damit im Zusammenhang stehenden Nebenkosten stellt folgendes Beispiel dar (ungefähre Kosten, Stand 08/1997):

Ein Beispiel für den Kauf eines Hauses

Kaufpreis	400.000 DM
Kaufvertrag Notarkosten ohne Notaranderkonto	2.600 DM
Gebühr Eigentumsumschreibung beim Grundbuchamt	710 DM
Finanzierung Grundschuldbestellung, Beurkundungskosten beim Notar	830 DM
Eintragungsgebühren Grundbuchamt	710 DM

Zu diesen *Grundgebühren* kommen noch:

◆ weitere Kosten hinzu, je nachdem ob eine oder mehrere Grundschulden beurkundet oder Auflassungsvormerkungen eingetragen werden. Die Gesamtsumme von 5.000 DM ist bei den Gerichts- und Notarkosten meist schnell erreicht.
◆ die Grunderwerbssteuer in Höhe von derzeit 3,5 % auf den Kaufpreis.
◆ Erwirbt man die Immobilie über einen Makler, so beträgt die Maklercourtage noch zusätzlich 3,5 bis 5 % des Kaufpreises zzgl. der jeweils gesetzlichen Mehrwertsteuer, derzeit 15 %.

Bis auf die Grunderwerbssteuer und die Kosten für die Finanzierung entstehen diese Gebühren bereits mit Abschluß des notariellen Kaufvertrages. Auch der Makler hat zu diesem Zeitpunkt schon Anspruch auf Zahlung der Courtage für den von ihm vermittelten Vertrag. Grunderwerbssteuer und Finanzierungskosten sind ca. ein bis zwei Monate später zu zahlen.

Expertentip:
Stellt sich nach Abschluß des notariellen Kaufvertrages heraus, daß die gekaufte Immobilie für den gedachten Zweck doch nicht geeignet ist, hat man keine Möglichkeit mehr, von dem Hauskauf zurückzutreten.

Nach Abschluß eines Kaufvertrages kann man sich als Käufer nicht darauf berufen, daß das Objekt für die eigenen Zwecke nicht geeignet ist oder daß der beabsichtigte Umbau oder die ins Auge gefaßte Sanierung doch nicht wie geplant durchgeführt werden kann. Die Motive eines Käufers beim Hauskauf sind völlig unwichtig. Wenn man voreilig ein Objekt erworben hat, das man letztendlich doch nicht gebrauchen kann, hat man mit dem Kauf schon erhebliche Kosten verursacht, die man tragen muß.

Ist dann noch die Rückabwicklung des Kaufvertrages erforderlich, wird die Sache für den Käufer noch weitaus teurer. Denn bei einer Rückabwicklung kommen noch weitere Beurkundungskosten hinzu, ggf. sogar Kosten für einen eigenen oder von der Gegenseite beauftragten Rechtsanwalt.

Führt man sich dieses Risiko vor Augen, so ist es ganz besonders wichtig, *sich vor dem Kauf* einer Immobilie sorgfältig über den Sanierungs- und Modernisierungsaufwand zu erkundigen und sich auch gründlich zu informieren, ob eine geplante Sanierung, eine Modernisierung oder ein Umbau überhaupt in dem beabsichtigten Rahmen möglich ist.

Expertentip:
Berücksichtigt man die Risiken, die man beim Kauf einer zu sanierenden oder zu modernisierenden Immobilie eingeht, dann sind die Kosten für einen beratenden Architekten mit Sicherheit nicht herausgeworfenes Geld, sondern eine notwendige und sinnvolle Ausgabe.

1.3 Checkliste: Was ist vor dem Kaufvertrag zu tun, welche Unterlagen sollten beschafft werden?

Checkliste: Was ist vor dem Kaufvertrag zu tun?

Zu beschaffende Unterlagen

✔ Grundbuchauszug (vom Verkäufer vom Grundbuchamt beschaffen lassen)
✔ Katasterplan (zu beschaffen beim Katasteramt)
✔ Baugenehmigung mit Bauplänen, auch für evtl. spätere Anbauten

Wichtig für geplante Umbaumaßnahmen

✔ Welche Festsetzung sieht der Bebauungsplan vor?
✔ Steht das Objekt unter Denkmalschutz?
✔ Steht das Objekt in einem Sanierungsgebiet?
✔ Steht das Objekt in einem städtebaulichen Entwicklungsgebiet?
Diese Informationen bekommt man bei den jeweiligen Fachabteilungen der Bauämter der Gemeinden und Landkreise.

Beim Erwerb einer Eigentumswohnung ist zu beachten

✔ Übergabe der Teilungserklärung mit Gemeinschaftsordnung. Diese ist maßgeblich für das Verhältnis der Wohnungseigentümer untereinander
✔ Sämtliche Beschlüsse der Wohnungseigentümerversammlung in den letzten Jahren, insbesondere die Beschlüsse der Eigentümerversammlung aus den letzten drei Jahren vor dem Kauf: Beschlüsse der Alteigentümer sind auch für die Neueigentümer bindend, und man kann anhand der Beschlüsse erkennen, welche Sanierungskosten möglicherweise noch nach Eigentumsumschreibung entstehen können.
✔ Wirtschaftsplan für das laufende Jahr und Hausgeldabrechnung für das vergangene Jahr, um sich einen Überblick über die finanzielle Situation zu verschaffen und über mögliche eigene Finanzierungszuschüsse informiert zu sein
✔ Informationen über die Höhe der Instandhaltungsrücklage

Folgende Fragen sollte man dem Verkäufer stellen

✔ Ist das Objekt vermietet?
✔ Wenn ja, sollte man sich die Mietverträge übergeben lassen und sich im notariellen Kaufvertrag unbedingt zusichern lassen, daß

über die schriftlichen Mietverträge hinaus keine zusätzlichen, auch keine mündlichen Vereinbarungen getroffen wurden!

✔ Gab es oder gibt es Rechtsstreitigkeiten mit Nachbarn (Grenzstreitigkeiten, Nachbarrechtsstreitigkeiten)?

✔ Welche Mängel hat das Objekt?

✔ Dringt Feuchtigkeit in das Objekt ein?

✔ Gab es Schimmelbildung im Inneren?

✔ Welche Nebenkosten entstehen für das Haus (Brandversicherung, Wohngebäudeversicherungen, Grundsteuer, Müllabfuhr, Straßenreinigungsgebühren, Wasser- und Abwasserkosten, Energieverbrauch)?

✔ Was wurde in den letzten Jahren instandgesetzt/saniert? Lassen Sie sich Garantieunterlagen/Verträge übergeben!

Folgende Fragen sollten noch vor dem Kaufvertragsabschluß geklärt sein

Besonders wichtig bei Grundstücken, die in der Vergangenheit gewerblich genutzt wurden oder in Gewerbegebieten liegen:

✔ Gibt es Altlasten (Verunreinigung durch Schadstoffe)?

✔ Ggf. muß ein Bodengutachten eingeholt werden.

✔ Sollen Sanierungs- oder Umbaumaßnahmen durchgeführt werden?

✔ Wenn in die Substanz des Gebäudes eingegriffen wird, sollte unbedingt schon im Vorfeld ein Architekt mit der Begutachtung und Überprüfung beauftragt werden, damit man sicher ist, daß die geplanten Umbaumöglichkeiten aus tatsächlichen und rechtlichen Gründen möglich sind. (Bauordnung beachten)

✔ Bei der Finanzierung ist nicht nur auf den Kaufpreis zu achten, sondern es sollte auch daran gedacht werden, daß jederzeit unvorgesehene Baumaßnahmen auftreten können, die weitere Kosten verursachen.

Nicht nur wenn Sie lärmempfindlich sind, sollten Sie es sich zum Grundsatz machen, das in Aussicht genommene Objekt auch einmal abends oder nachts aufzusuchen, damit Sie die Lärmbeeinträchtigungen feststellen können. Viele Besichtigungen von Objekten werden ja an Wochenenden durchgeführt, und schon mancher hat eine böse Überraschung erlebt, wenn die Bahnlinie oder Kreisstraße, die in unmittelbarer Nachbarschaft des Objekts liegt, an Wochentagen doch weitaus stärker befahren ist als am Wochenende.

Hält man sich einmal nachts an dem in Aussicht genommenen Objekt auf, stellt man auch schnell fest, ob man nachts bei offenem Fenster schlafen kann, wenn die Eisenbahn in 300 Metern Luftlinie am Haus entfernt vorbeifährt.

> **Expertentip:**
> Fragen Sie andere Anwohner, und prüfen Sie den Standort (Lärm, Geruch) an verschiedenen Wochentagen und Tageszeiten.

Sind Sie ein Hobbybastler, ein Handwerker und Tüftler oder ein Mensch mit den berühmten zwei linken Händen?

- Schaffen Sie es zeitlich, beim Umbau mit anzupacken (Eigenleistung erspart viel Geld)?
- Haben Sie Familienangehörige, Freunde, Verwandte, Nachbarn, die Ihnen zugesagt haben, mitzuhelfen?
- Haben Sie Erfahrung, in einem Team mitzuarbeiten?
- Eignet sich Ihre Handwerksausstattung für wirksame Mithilfe am Bau?

1.4 Allgemeine Ratschläge vor dem Hauskauf

1.4.1 Wie Ihnen örtliche Informationen eine bessere Kaufposition verschaffen

Sammeln Sie möglichst zahlreiche Informationen – hier gilt der Grundsatz: Lieber ein paar zu viel als eine zu wenig.

Einige Beispiele: Jede Verwaltung einer Stadt und Gemeinde sagt Ihnen, wie es mit der Erweiterung des Baugebiets, den Nahverkehrsanschlüssen, der Versorgung durch den Handel, eventuellen Straßen- und anderen geplanten Baumaßnahmen, dem Strom- und Wasserpreis, den Schulen am Ort, Kindergartenöffnungszeiten usw. steht. Dies brauchen Sie nicht den Verkäufer eines Hauses oder den Makler zu fragen, damit würde sonst nur deren Position gestärkt.

Expertentip:
Der Hauskauf beginnt also lange vor dem ersten Besichtigungstermin vor Ort.

1.4.2 Baulasten

Unbedingt sollte man sich auch um das *Baulastenverzeichnis* kümmern. Schon mehrfach mußten Notare feststellen, daß während der Beurkundung die Frage nach der Eintragung im Baulastenverzeichnis auftaucht, daß sich aber der Interessent um das Baulastenverzeichnis vorher nicht gekümmert hat.

Eine *Baulast* ist eine Erklärung des Grundstückseigentümers gegenüber der Bauaufsichtsbehörde, wonach sich der Eigentümer verpflichtet, bezüglich eines bestimmten Grundstücks Eingriffe oder Einschränkungen zu dulden, die sich nicht aus den öffentlich-rechtlichen Bauvorschriften ergeben. Die Baulasten werden in das sogenannte Baulastenverzeichnis eingetragen, das regelmäßig von den unteren Bauaufsichtsbehörden geführt wird.

Zumindestens, wenn man einen Vertragsentwurf in der Hand hat, sollte man bei der zuständigen Bauaufsichtsbehörde mit dem Vertragsentwurf vorsprechen, um die erforderlichen Auskünfte zu erhalten.

1.4.3 Grundbuch

Darüber hinaus sollte man sich auch von dem Verkäufer einen – zumindest – unbeglaubigten *Grundbuchauszug* neueren Datums zeigen lassen, damit man sich über den Kaufgegenstand informieren kann. Das Grundbuch hat die Aufgabe, dem Immobilienverkehr eine sichere Grundlage zu geben und auf zuverlässiger Grundlage bestimmte und sichere Rechtsverhältnisse für unbewegliche Sachen zu schaffen.

◆ Das Grundbuch gibt in den einzelnen Abteilungen klar und übersichtlich über den dinglichen Rechtszustand an Grundstücken Auskunft. Wer also eine Immobilie erwerben will, sollte sich auch Einblick über den Rechtszustand im Grundbuch verschaffen.

◆ Das Amtsgericht ist zuständig für die Führung des Grundbuches. Jeder Eigentümer kann sich einen Grundbuchauszug beschaffen und diesen dem Käufer vorlegen.

◆ Im Bestandsverzeichnis des Grundbuchblattes ist das Grundstück oder sind die Grundstücke nach ihrer Benennung amtlich eingetragen, mit einer Lagebezeichnung in der Gemarkung und mit der katastermäßigen Benennung nach Nummer des Flurs und des Flurstücks.

◆ In Abt. I des Grundbuches ist der jeweilige Eigentümer eingetragen. Nur mit dem im Grundbuch eingetragenen Eigentümer sollte auch ein Kaufvertrag über eine Immobilie geschlossen werden.

◆ Wichtig sind die Eintragungen in Abt. II des Grundbuches, die sogenannten Lasten und Beschränkungen. Hier werden eingetragen: Vorkaufsrechte, Wegerechte, Kanalleitungsrechte, Stromleitungsrechte, Wohnungsrechte, Nießbrauchsrechte, Zwangsversteigerungsvermerke, Erbbaurechte, Dauerwohnrechte, Sanierungsvermerke nach dem Baugesetzbuch und sonstige Belastungen. Diese eingetragenen Belastungen gelten im Regelfall auch für den neuen Eigentümer, so daß man sich diesen Teil des Grundbuches genau ansehen und ggf. nach weiteren Informationen zu den eingetragenen Beschränkungen forschen sollte, damit man keine Überraschung erlebt.

◆ In Abt. III des Grundbuches sind die Grundpfandrechte und Hypotheken sowie Zwangssicherungshypotheken eingetragen. Diese sind zu löschen, damit das Grundeigentum ohne Belastungen übergeht. In Fragen der Löschung und Abwicklung bei eingetragenen Belastungen wirkt der beurkundende Notar mit; dieser berät den Käufer entsprechend.

Expertentip:
Verschaffen Sie sich diese Informationen anhand des sogenannten Grundbuchblattes. Dann haben Sie einen Überblick über die Eintragungen, die das Grundstück betreffen.

1.4.4 Katasterblatt

◆ Bei den Grundakten befindet sich im Regelfall keine Ablichtung des *Katasterblattes*. Der beurkundende Notar nimmt das Grundstück so in den Kaufvertrag auf, wie es im Grundbuch bezeichnet wird. Über die tatsächliche Lage, Ausdehnung und Grenzziehung eines Grundstückes gibt das Grundbuchblatt jedoch keine Auskunft.

◆ Wer konkrete Informationen hinsichtlich der Lage des Grundstückes und ggf. die Grenzpunkte erhalten will, ist auf die Einsicht in das Katasterblatt angewiesen.

◆ Bei den Katasterämtern der Landkreise und Städte kann man unter Angabe des Flurstücks und unter Angabe der Gemarkung, des Flures sowie des Flurstückes ein Katasterblatt erhalten, auf dem die Grenzpunkte und die genaue Lage des Grundstücks eingezeichnet sind.

◆ Gerade bei älteren Objekten in Altstadtkernen ist es empfehlenswert, sich vor der Beurkundung ein Katasterblatt zu beschaffen, damit man unter Umständen die Grenzziehung zwischen zwei Gebäuden exakt sehen kann und ggf. weiß, ob eine Grenzmauer auf dem eigenen Grundstück oder auf dem Nachbargrundstück steht. Gerade bei älteren Häusern wurde ohne Rücksicht auf die tatsächliche Grenze gebaut, so daß mancher schon im nachhinein einige Überraschungen erlebt hat, als sich die tatsächliche Lage der Grenze herausstellte.

◆ Wenn auch nach Einsicht in das Katasterblatt noch Zweifel über die Lage von Grenzmauern bestehen, so kann man sich über die konkrete Lage von Gebäudemauern ect. Gewißheit dadurch verschaffen, daß man Einsicht in einen evtl. „Vermessungsriß" nimmt.

Beim „Vermessungsriß" handelt es sich um einen Plan, in dem die Katasterämter die Lage von Gebäudemauern exakt eingemessen haben. Nicht für jedes Grundstück gibt es diesen Vermessungsriß, sondern nur in einzelnen Fällen, in denen Schwierigkeiten bei der Ermittlung der Grundstücksgrenze/Gebäudegrenze auftraten.

Expertentip:
Klären Sie folgende Punkte vor Abschluß des Kaufvertrags:
- Grundbuchstand anhand eines neueren Grundbuchblattes
- Frage nach Eintragung im Baulastenverzeichnis
- Katasterplan
- Liegt das Objekt in einem Sanierungsgebiet?
- Steht das Objekt unter Denkmalschutz?
- Existiert ein Mietverhältnis für das Objekt?
- Lassen Sie sich unbedingt den schriftlichen Mietvertrag nebst allen Ergänzungen vorlegen und zusichern, daß keine mündlichen Vereinbarungen getroffen wurden.
- Lassen Sie sich vorab den Entwurf des Kaufvertrags übergeben, überprüfen Sie ihn, und lassen Sie ihn sich ggf. erläutern.

Wollen Sie die neue Wohnung oder das Haus selbst bewohnen, sollten Sie folgende Fragen beantworten:

1.5 Checkliste: Wichtige Fragen vor dem Hauskauf bei Eigennutzung

Checkliste: Wichtige Fragen vor dem Hauskauf

1. Entspricht das angebotene Objekt Ihren Größenvorstellungen?

✔ Wie viele Räume benötigen Sie zum Wohnen?
✔ Sind Ihre Kinder noch klein, und steht die Schul- und Ausbildungszeit noch bevor? Wenn ja, welche Kindergärten und Schulen sind im Umkreis wie zu erreichen?
✔ Wieviel Platz (Räume) benötigen Sie für Ihre Hobbys?
✔ Sind Sie Ihre große Wohnung oder Ihr Haus leid wegen zu großen Aufwands beim Putzen und Bewirtschaften der Räume?
✔ Stehen in Ihrer jetzigen Wohnung Räume leer?
✔ Kurz gesagt: Müssen Sie sich wohnungsmäßig vergrößern, oder wollen Sie sich verkleinern?

Welche speziellen Fragen gibt es für Sie noch zu bedenken?...

2. Wie ist es um Ihre Mobilität bestellt?

Falls das neue Haus/die neue Wohnung dies erfordert:
✔ Haben Sie zwei Autos, so daß jedes Familienmitglied unabhängig das Haus verlassen kann?
✔ Benutzen Sie gern und häufig den öffentlichen Nahverkehr?
✔ Sind Sie gut zu Fuß und laufen Sie gerne ein Stück?

Welche speziellen Fragen gibt es für Sie noch zu bedenken?...

3. Bevorzugen Sie Ruhe und Abgeschiedenheit oder Nachbarschaft und Urbanität?

✔ Lieben Sie den stillen Winkel, das naturnahe Domizil, die Ruheoase, das Refugium, einen blühenden großen Garten?
✔ Oder ist Ihnen der kurze Weg zu Einkaufsmöglichkeiten wichtiger?

✔ Arbeiten Sie gern im Garten oder bevorzugen Sie den kleinen Ziergarten, der weniger Pflege braucht?

✔ Legen Sie Wert auf den nahen Nachbarn, der mal Ihre Schlüssel verwahrt und nach dem Rechten schaut?

✔ Wünschen Sie eine Bushaltestelle oder auch eine Gaststätte (Café) usw. in der Nähe?

✔ Sind Ärzte, Apotheke, Schwimmbad oder andere Ihnen wichtige Einrichtungen in der Nähe oder leicht auch mit öffentlichen Verkehrsmitteln zu erreichen?

Welche speziellen Fragen gibt es für Sie noch zu bedenken?...

4. Wie wichtig sind für Sie die Umwelteinflüsse?

✔ Liegt die Wohnung/das Haus an einem verkehrsreichen Platz oder einer belebten Straße?

✔ Macht Sie Lärm krank?

✔ Liegen Industriebetriebe in unmittelbarer Nähe?

✔ Liegen Handelsbetriebe in der Nähe?

✔ Liegt in der Nähe eine Gastwirtschaft, ein Fitness-Center oder ähnliches? (Parkende oder abfahrende Autos können gerade in der Nacht eine große Belästigung darstellen, wenn Sie oder ein Familienmitglied einen leichten Schlaf haben.)

✔ Liegt die Wohnung/das Haus nahe einer Eisenbahnlinie, S-Bahn- oder Straßenbahnstrecke oder stark befahrenen Straße?

✔ Gibt es ein Nachtfahrverbot?

✔ Liegt das Grundstück in oder nahe einer Einflugschneise eines Flugplatzes?

✔ Befindet sich in der Nähe eine Kaserne?

✔ Ist in unmittelbarer Nähe ein Schulhof oder Kindergarten?

✔ Wie sehr beunruhigen oder beeinträchtigen Sie Umweltgifte?

✔ Gibt es in der Nähe Emissionen von Betrieben?

✔ Werden Sie von Abgasen von Fahrzeugen in unmittelbarer Nähe beeinträchtigt?

✔ Sind Sie allergisch gegen bestimmte Bäume oder Sträucher, die in der Nähe stehen? Lassen Sie eventuell einen Test machen.

✔ Ist ein Bauernhof in der Nähe? Wenn ja, betreibt dieser Tierhaltung, die starken Geruch verursacht?

1.6 Tips für den Kauf eines Mietobjekts

Grundsätzlich gelten viele Fragen, die für Sie selbst wichtig sind, auch für Ihre Mieter.

Vernachlässigen können Sie für ein Objekt, das Sie vermieten wollen, natürlich Ihre individuellen Probleme (wie z.B. Allergien). Dennoch gilt natürlich auch für Mietwohnungen oder -häuser: Je weniger Umweltbelastungen eine Wohnung aufweist, desto besser ist sie, und desto teurer kann sie vermietet werden.

Expertentip:
Zur Wohnungsgröße gibt es eine Faustregel:
- Kleinere Wohnungen/Häuser lassen sich – wegen der geringeren absoluten Miete – besser vermieten als größere. Pro Quadratmeter kann man einen vergleichsweise höheren Mietpreis erzielen.
- Auch für den Mieter ist die Nähe zu seinem Arbeitsplatz zu bedenken.
- Wollen Sie ältere Mieter ansprechen, sollten Sie beim Erwerb oder Bau des Mietobjekts auf mehr Ruhe, aber auch auf Einkaufsmöglichkeiten, naheliegende Haltestellen zu öffentlichen Verkehrsmitteln, Ärzte und andere Gesundheitseinrichtungen achten.

Wenn Sie das zu erwerbende Objekt vermieten wollen, sollten Sie schon im Vorfeld auf die Nebenkosten für das Objekt achten. Das Schlagwort an dieser Stelle lautet: *„Die Nebenkosten sind die zweite Miete!"*

Die für ein Gebäude anfallenden Nebenkosten, wie Wasser, Abwasser, Müll, Grundsteuer, Versicherungen usw., sind auch maßgeblich für die Vermietbarkeit eines Objektes. Denn die eben aufgezählten öffentlichen Abgaben und die Heizkosten bestimmen wesentlich die Kosten, die der Mieter neben der Nettomiete an den Vermieter zahlen muß.

Expertentip:
In den einzelnen Städten und Gemeinden gibt es erhebliche Unterschiede bei der Höhe dieser Kosten. Es lohnt sich manchmal, das Objekt in einer Nachbargemeinde mit gleichem Wohnwert zu erwerben, weil dort die Nebenkosten niedriger sind. Der Mieter sieht immer die Gesamtbelastung für das Objekt, nicht nur die Nettomiete, die er an den Vermieter zahlt.

1.6.1 Sanierung durch den Mieter – was Sie beachten müssen

Grundsätzlich hat ein Mieter keinen Anspruch auf Modernisierung der Wohnung. Aus der Pflicht des Vermieters, dem Mieter das Objekt in einem ordnungsgemäßen Gebrauchszustand zur Verfügung zu stellen, kann sich jedoch eine Verpflichtung des Vermieters zur Durchführung von Modernisierungsmaßnahmen ergeben.

Wenn der Vermieter nicht modernisieren will und kann, besteht die Möglichkeit, daß der Mieter selbst modernisiert.

Vom Gesetz her ergeben sich aus einer Modernisierung durch die Mieter folgende Konsequenzen:

◆ Der Mieter bleibt Eigentümer der Modernisierungsmaßnahmen, denn sie sind im Zweifel nur für die Dauer der Mietzeit eingebaut.
◆ Der Mieter muß die Einrichtung instand halten und instand setzen. Durch die Modernisierung dürfen die anderen Bewohner nicht beeinträchtigt werden.
◆ Die vom Mieter geschaffene Wohnwertverbesserung darf der Vermieter im Rahmen der Mieterhöhung nach § 2 des Gesetzes zur Regelung der Miethöhe (MHRG) *nicht* zur Anpassung der Miete an die ortsübliche Vergleichsmiete nutzen.
◆ Der Vermieter kann das Mietverhältnis unter Berücksichtigung der gesetzlichen Bestimmungen trotz Modernisierungsmaßnahmen des Mieters kündigen.

Hat der Mieter modernisiert, dann sind *bei Auszug* noch folgende gesetzliche Bestimmungen zu beachten:

◆ Der Vermieter muß dem Mieter die Kosten von notwendigen Veränderungen ersetzen (§ 547 Satz 1 BGB). Notwendig ist eine Veränderung dann, wenn das Mietobjekt vor einer unmittelbar bevorstehenden Verschlechterung oder vor dem Untergang bewahrt werden soll. Die normalen Umbaumaßnahmen (Ladenlokale in eine Gaststätte, Wohnung in eine ärztliche Praxis) fallen nicht darunter.

◆ Nützliche Veränderungen, die der Mieter für den Vermieter gemacht hat, sind nach den Vorschriften über die „Geschäftsführung ohne Auftrag" zu erstatten (§ 547 Abs. 2 BGB). Der Mieter kann dann keinen Ersatz verlangen, wenn er die Veränderung nur für seine Zwecke oder in seinem eigenen Interesse vorgenommen hat. Erneuert beispielsweise der Mieter im Badezimmer die Sanitärinstallationen, weil ihm die vorhandenen – noch guten und voll funktionsfähigen – weißen Sanitäreinrichtungen nicht gefallen, so wird er kaum Ersatz dafür verlangen können.
Eine Voraussetzung für den Ersatzanspruch des Mieters ist auch weiterhin, daß diese Verwendung sowohl dem Interesse als auch dem wirklichen und mutmaßlichen Willen des Vermieters entspricht.

◆ Der Mieter ist im übrigen gemäß § 547 a BGB berechtigt, Einrichtungen, die er mit dem Mietobjekt verbunden hat, wegzunehmen, beispielsweise Einbauschränke, Raumteiler, Schalter, Steckdosen, Heizungs-, Bad- und Kücheneinbauten. Allerdings muß er dann auf seine Kosten den früheren Zustand des Mietobjektes wieder herstellen (§ 258 BGB). Der Vermieter kann die Ausübung des Wegnahmerechtes durch die Zahlung einer angemessenen Entschädigung abwenden. Dabei ist der Wert der Anschaffung unter Berücksichtigung eines Abschlages für die bisherige Abnutzung zugrunde zu legen.

Expertentip:
Die vielfältigen gesetzlichen Bestimmungen zeigen, daß für den Fall einer Mietermodernisierung eindeutige und unmißverständliche Regelungen getroffen werden müssen.

Wenn eine derartige Vereinbarung getroffen werden soll, dann muß folgendes für beide Seiten verbindlich festgelegt werden:

◆ Was darf der Mieter bei Ende der Mietzeit?
◆ Was muß der Vermieter bei Ende der Mietzeit vergüten?
◆ Welche Rechte stehen dem Mieter während der Dauer des Mietverhältnisses zu?

Hier muß man vorher entsprechenden Rechtsrat einholen. Nachfolgend *eine* von vielen möglichen Vereinbarungen zwischen Vermieter und Mieter über die Wohnungsmodernisierung.

1.6.2 Mustervereinbarung über die Modernisierung einer Wohnung

Vereinbarung zwischen Vermieter und Mieter über die Modernisierung der Wohnung

. . . .
zwischen

. . . .
wohnhaft in. — Vermieter —
und

. . . .
wohnhaft in. — Mieter —

wird folgende Vereinbarung getroffen:

§ 1 Gegenstand des Vertrages

Der Mieter wird in der von ihm gemieteten Wohnung im Haus . . . . . . im ersten Geschoß rechts Modernisierungsarbeiten durchführen.

Durch die nachfolgende Vereinbarung wird der Mietvertrag vom . . . . . ergänzt und diese Vereinbarung Bestandteil des Mietvertrages.

§ 2 Gegenstand der Arbeiten

1. Die Parteien sind sich darüber einig, daß der Mieter in der Wohnung folgende Arbeiten durchführen darf:

. . . .
(Genaue Beschreibung der Arbeiten)

2. Die Arbeiten werden in der Zeit vom... (Monat/Jahr) bis einschließlich... (Monat/Jahr) durchgeführt.

3. Durch die Arbeiten dürfen die übrigen Mitbewohner des Hauses nicht beeinträchtigt werden. Sollten durch die Umbaumaßnahmen die übrigen Mieter in ihren Rechten beeinträchtigt werden und ihrerseits Ansprüche gegenüber dem Vermieter geltend machen, so

verpflichtet sich der Mieter, dem Vermieter die ihm daraus entstehenden Schäden zu ersetzen.

§ 3 Mieterleistung

1. Der Mieter führt die in § 1 bezeichneten Baumaßnahmen in eigenem Namen sowie auf eigene Kosten und eigene Rechnung aus. Er ist dem Vermieter gegenüber verpflichtet, die Arbeiten ordnungsgemäß durchzuführen.

2. Der Vermieter beteiligt sich nicht an den Kosten für die Modernisierungsmaßnahmen.

3. Die Anlagen und Einrichtungen, mit denen die Wohnung aufgrund dieser Vereinbarung ausgestattet wird, gehen in das Eigentum des Vermieters über, auch soweit sie nicht wesentliche Bestandteile des Gebäudes werden.

4. Der Mieter verzichtet auf das ihm gemäß § 547 a Abs. 1 des Bürgerlichen Gesetzbuches (BGB) zustehende Recht, die Anlagen und Einrichtungen wegzunehmen.

5. Der Mieter verpflichtet sich, Arbeiten, die besondere Fachkenntnisse oder Einhaltung technischer Vorschriften erfordern, nur von Fachfirmen oder fachkundigen Personen durchführen zu lassen.

6. Der Mieter erklärt, daß er eine Bauherren – Haftpflichtversicherung abgeschlossen hat, und zwar bei der . . . . Versicherung.

§ 4 Abwicklung bei Beendigung des Mietverhältnisses

1. Die Kosten des Mieters für die gesamten Maßnahmen einschließlich der hierdurch verursachten Instandsetzungsmaßnahmen werden voraussichtlich . . . . DM betragen.

2. Der Mieter ist verpflichtet, dem Vermieter zur Feststellung der endgültigen Kosten eine Gesamtkostenaufstellung unter Beifügung der entsprechenden Belege beizubringen.

3. Weicht der Endbetrag der Kosten gegenüber den in § 4 Ziffer 1 genannten Kosten um mehr als 20 % ab, wird der übersteigende Betrag bei der nachfolgenden Restwertbestimmung nicht berücksichtigt.

4. Mieter und Vermieter haben die Baumaßnahmen gemeinsam abzunehmen und die Abnahme in einem Abnahmeprotokoll festzuhalten.

5. Bei Beendigung des Mietverhältnisses hat der Mieter Anspruch auf
Rückzahlung des Restwertes der durchgeführten Maßnahmen. Der
Restwert wird wie folgt ermittelt: Von den Aufwendungen des Mieters werden für jeden Monat ab Abnahme der Baumaßnahmen 1 %
von den gemäß § 4 Ziffer 1 und 3 ermittelten Baukosten abgezogen. (Hier sind auch andere Regelungen möglich, beispielsweise
bis zum Ablauf eines Jahres nach Abnahme 10 %, in den folgenden
Jahren jeweils 8 % etc.)

6. Ein Anspruch des Mieters auf Rückzahlung des Restwertes besteht
auch dann, wenn die Maßnahmen des Mieters durch nachfolgende
Modernisierungsmaßnahmen des Vermieters zerstört oder wertlos
gemacht werden.

. . . .
Ort, Datum

. . . .　　　　　. . . . .
Vermieter　　　　　　　　　　　Mieter

1.6.3 Abnahmeprotokoll für die Baumaßnahmen des Mieters in der Wohnung

Sowohl für Vermieter als auch für Mieter empfiehlt es sich dringend, nach einer Modernisierung durch den Mieter eine offizielle Abnahme vorzunehmen und diese zu protokollieren.

Abnahmeprotokoll für die Baumaßnahmen des Mieters in der Wohnung

(. . . . .)

1. Die Modernisierungsmaßnahmen gemäß Vereinbarung vom . . . . sind durchgeführt worden.

2. Es wurden keine Mängel festgestellt.

3. Es wurden folgende Mängel festgestellt . . . .

4. Der Mieter ist verpflichtet, die festgestellten Mängel spätestens bis zum . . . . zu beseitigen.

5. Die Gesamtkosten des Mieters für die Aufwendungen, die bei der Restwertberechnung zu berücksichtigen sind, belaufen sich auf . . . DM.

Ort, Datum . . . .

. . . .
Vermieter   Mieter

1.7 Steuerliche Behandlung des Eigentumserwerbs

1.7.1 Selbstgenutztes Wohneigentum

Aufgrund des *Eigenheimzulagengesetzes* wird der Erwerb von selbstgenutztem Wohnungseigentum gefördert, wenn der Bauantrag nach dem 31.12.1995 gestellt oder bei Kauf der notariell beurkundete Kaufvertrag nach dem 31.12.1995 abgeschlossen wurde.

◆ Anspruch auf die Eigenheimzulage haben nur unbeschränkt Steuerpflichtige. Der Anspruch besteht außerdem nur für Kalenderjahre, in denen der Anspruchsberechtigte die Wohnung selbst zu eigenen Wohnzwecken nutzt oder die Wohnung unentgeltlich an einen Angehörigen überläßt.

◆ Die Eigenheimzulage kann nur für eine Wohnung in Anspruch genommen werden, bei Eheleuten wird die Zulage für zwei Objekte gewährt.

◆ Wer die Steuervergünstigungen der Paragraphen §§ 7b oder 10e des Einkommenssteuergesetzes (EStG) oder Vergünstigungen des Berlin- Förderungsgesetzes genutzt hat, erhält keine Eigenheimzulage.

Welche Objekte werden gefördert?

Begünstigt ist die Herstellung oder Anschaffung einer selbstgenutzten Eigentumswohnung oder selbstgenutzten Wohnung im eigenen Haus in Deutschland. Der Erwerb von Ferien- und Wochenendwohnungen wird nicht gefördert.

Wie wird gefördert?

◆ Der Förderungsgrundbetrag der Eigenheimzulage beträgt jährlich 5 % der *Bemessungsgrundlage*, höchstens aber 5.000 DM. Bemessungsgrundlage sind die Herstellungs- oder Anschaffungskosten der Wohnung sowie die Anschaffungskosten für den dazugehörigen Grund und Boden. Bei Ausbauten und Erweiterungen sind Bemessungsgrundlage die Herstellungskosten.

◆ Bei gebrauchten Immobilien (Kauf nach Ablauf des zweiten auf das Jahr der Fertigstellung folgenden Jahres) ermäßigt sich die Eigenheimzulage auf jährlich 2,5 % der Bemesssungsgrundlage, höchstens aber auf 2.500 DM.

◆ Der Fördergrundbetrag erhöht sich bei Neu- oder Altbauten um eine „Ökozulage" in Höhe von 2 % der Bemessungsgrundlage, höchstens aber um 500 DM jährlich, wenn in den Jahren 1996 bis 1998 Aufwendungen für bestimmte, im Gesetz genannte Wärmepumpenanlagen, Solaranlagen oder Wärmerückgewinnungsanlagen entstanden sind. Dies gilt allerdings nicht bei Ausbauten oder Erweiterungen.

◆ Der Fördergrundbetrag erhöht sich außerdem bei Neubauten um eine weitere „Ökozulage" für Niedrigenergiehäuser in Höhe von 400 DM jährlich, wenn die Wohnung vor dem 01.01.1999 angeschafft oder fertiggestellt wird und wenn das Gebäude einen Jahres-Heizwärmebedarf hat, der 25 % unter dem Wert der Wärmeschutzverordnung liegt. Auch dies gilt nicht bei Ausbauten und Erweiterungen.

Wie wirkt sich eine Kinderzulage aus?

Neben dem Fördergrundbetrag wird für jedes Kind eine Kinderzulage in Höhe von 1.500 DM jährlich gezahlt. Dabei wird jedes Kind berücksichtigt, für das der Anspruchsberechtigte im jeweiligen Kalenderjahr des Förderzeitraums einen Kinderfreibetrag oder Kindergeld erhält. Weiterhin muß das Kind im Förderzeitraum zum inländischen Haushalt des Anspruchsberechtigten gehören oder gehört haben, und im gleichen Zeitpunkt darf kein Baukindergeld nach § 34 f EStG in Anspruch genommen worden sein.

Von der Höhe her wird der Fördergrundbetrag und die Kindergeldzulage beschränkt: Diese Förderungen dürfen zusammen nicht höher sein als die Herstellungs- und Anschaffungskosten.

Welcher Zeitraum wird gefördert?

Die Eigenheimzulage wird während des Förderzeitraums gewährt, der sich aus dem Jahr der Fertigstellung oder Anschaffung und den sieben folgenden Jahren zusammensetzt.

Die Zulage wird allerdings nur gezahlt, wenn bestimmte Einkommensgrenzen eingehalten werden. Ab dem Jahr der Inanspruchnahme (Erstjahr) darf der Gesamtbetrag der Einkünfte zusammen mit dem Gesamtbetrag der Einkünfte des vorangegangenen Jahres (Vorjahr) 240.000 DM (480.000 DM bei Eheleuten) nicht übersteigen. In den folgenden Jahren des Förderzeitraums ist die Höhe des Einkommens ohne Bedeutung.

Welche Antragsbedingungen gelten?

Der Antrag ist beim zuständigen Finanzamt auf einem amtlichen Vordruck zu stellen und eigenhändig zu unterschreiben.

Wenn sich keine Änderungen ergeben, wird die Zulage in den folgenden Jahren für insgesamt acht Jahre jeweils am 15. März gezahlt. Im Regelfall ist nur *ein* Antrag erforderlich.

Vorkostenabzug

Weiterhin besteht die Möglichkeit, Vorkosten wie Sonderausgaben abzuziehen (§ 10i EStG):

◆ Eine Pauschale von 3.500 DM kann im Jahr der Fertigstellung oder Anschaffung in Anspruch genommen werden, wenn man für die Wohnung im Jahr der Herstellung oder Anschaffung oder in einem der zwei folgenden Jahre die Eigenheimzulage in Anspruch nimmt.
◆ Erhaltungsaufwendungen, die bis zum Beginn der erstmaligen Nutzung einer Wohnung für eigene Wohnzwecke entstanden sind, sind bis zu 22.500 DM absetzbar.

Expertentip:
Ob und inwieweit die Eigenheimzulage in Anspruch genommen werden kann, muß im Einzelfall durch steuerliche Beratung überprüft werden.

Beispiel

Ein Ehepaar mit drei Kindern baut im Jahr 1997 das Dachgeschoß eines Familienhauses für 50.000 DM zu einem Wohnraum aus.

Eigenheimzulage = 8 Jahre x 5 % von 50.000 DM
(= 2.500 DM) =   20.000 DM
Kinderzulage   = 8 Jahre x 4.500 DM (je Kind
1.500 DM) =   36.000 DM
Grundförderung + Kinderzulage =   56.000 DM

Ausbezahlt werden durch das Finanzamt aber nur 50.000 DM, weil die Eigenheimzulage nicht höher sein darf als die Bemessungsgrundlage.

Expertentip:
Finanzierungskosten, die vor Einzug anfallen, bringen keine Steuervorteile mehr. Es lohnt sich daher nicht mehr, Kosten vorzuziehen. So ist eine Finanzierung mit Disagio bei einer selbstgenutzten Immobilie wirtschaftlich unsinnig.

Die obigen Hinweise zu der steuerrechtlichen Behandlung des erworbenen Grundeigentums entsprechen der derzeit geltenden Regelung, d.h. für Objekte, die zukünftig angeschafft werden.

Bisher wurde der Erwerb von eigengenutzten Häusern und Eigentumswohnungen nach § 10 e des Einkommensteuergesetzes 1990 gefördert, dieser § 10 e ist letztmals anzuwenden, wenn der Steuerpflichtige *vor dem 01.01.1996* mit der Herstellung des Objektes begonnen hat oder im Fall des Kaufes des Objektes aufgrund eines rechtswirksamen Kaufvertrages erworben hat.

Als Beginn der Herstellung gilt bei Objekten, für die eine Baugenehmigung erforderlich ist, **der** Zeitpunkt, in dem der Bauantrag gestellt wurde oder bei baugenehmigungsfreien Objekten der Zeitpunkt, in dem die Bauunterlagen eingereicht wurden.

Expertentip:
Sie sollten vor dem Erwerb des Hauses oder der Wohnung einen Steuerberater aufsuchen, der die steuerlichen Vorteile konkret berechnet.

1.7.2 Erwerb einer Immobilie zum Zwecke der Vermietung

Wird eine Immobilie zum Zwecke der Vermietung erworben, so empfiehlt es sich erst recht, die steuerlichen Auswirkungen zu überprüfen.

Folgende steuerlichen Regelungen wirken sich in diesem Fall aus:

◆ Einkünfte aus Vermietung und Verpachtung unterliegen auch weiterhin der Besteuerung nach dem Einkommenssteuergesetz (§ 2 EStG).
◆ Auch sind weiterhin Absetzungen für Abnutzung und Substanzverringerung möglich (§ 7 EStG).

Von den Anschaffungs- oder Herstellungskosten können *beispielsweise* folgende Absetzungen abgezogen werden:

1. bei Gebäuden, die zum *Betriebsvermögen* gehören, nicht Wohnzwecken dienen und für die der Bauantrag nach dem 31.3.1985 gestellt wurde, jährlich 4 %;
◆ bei Gebäuden, die diese Voraussetzung nicht erfüllen und die nach dem 31.12.1924 fertiggestellt wurden, jährlich 2 %;
◆ bei Gebäuden, die vor dem 1.1.1925 fertiggestellt wurden, jährlich 2,5 %;
◆ abweichend davon können folgende Absetzungen abgezogen werden bei Gebäuden, soweit sie zu einem Betriebsvermögen gehören, nicht zu Wohnzwecken dienen und aufgrund eines vor dem 1.1.1994 gestellten Bauantrags hergestellt oder aufgrund eines Vertrages angeschafft worden sind:
   ◆ im Jahr der Fertigstellung und in den folgenden drei Jahren 10 %;
   ◆ in den darauf folgenden drei Jahren 5 %;
   ◆ in den darauf folgenden 18 Jahren jeweils 2,5 %;

2. bei Gebäuden, die *Wohnzwecken* dienen:
◆ aufgrund eines nach dem 28.2.1989 und vor dem 1.1.1996 gestellten Bauantrags hergestellt oder nach dem 28.2.1989 auf-

grund eines nach dem 28.2.1989 und vor dem 01.01.1996 abgeschlossenen Vertrages angeschafft worden sind:
- im Jahr der Fertigstellung und in den drei folgenden Jahren jeweils 7 %;
- in den darauf folgenden sechs Jahren jeweils 5 %;
- in den darauf folgenden sechs Jahren jeweils 2 %;
- in den darauf folgenden 24 Jahren jeweils 1,25 %;
- bei Wohngebäuden, die aufgrund eines nach dem 31.12.1995 gestellten Bauantrages hergestellt oder aufgrund eines nach diesem Zeitpunkt abgeschlossenen Vertrages angeschafft worden sind:
  - im Jahr der Fertigstellung und in den folgenden sieben Jahren jeweils 5 %;
  - in den darauf folgenden sechs Jahren jeweils 2,5 %;
  - in den darauf folgenden 36 Jahren jeweils 1,25 % der Anschaffungs- und Herstellungskosten.

Expertentip:
Dieser Ausflug in das Steuerrecht verdeutlicht Ihnen, daß eine Steuerberatung vor Erwerb oder Umbau unbedingt notwendig ist. Wir können Ihnen nur die wesentlichen Inhalte des komplizierten Steuerrechtes verdeutlichen, nicht aber jeden Einzelfall darstellen.

- Für Gebäude in Sanierungsgebieten und städtebaulichen Entwicklungsbereichen sind erhöhte Absetzungen möglich, jeweils bis zu 10 % der Herstellungskosten für Modernisierungs- und Instandsetzungsmaßnahmen im Jahr der Herstellung und in den folgenden neun Jahren (§ 7h EStG).
- Für Baudenkmäler sind erhöhte Absetzungen möglich, bis zu 10 % der Herstellungskosten für Baumaßnahmen, die nach Art und Umfang zur Erhaltung des Gebäudes als Baudenkmal oder zu seiner sinnvollen Nutzung erforderlich, sind im Jahr der Herstellung und in den folgenden neun Jahren (§ 7i EStG).

Achtung: Gewerblicher Grundstückshandel

Wer mehrere Objekte erwirbt, um sie nach und nach wieder zu verkaufen, oder ein Objekt erwirbt mit dem Ziel, es in Eigentumswohnungen umzuwandeln und diese nach und nach zu verkaufen, muß folgendes beachten:

Bei einem gewerblichen Grundstückshandel unterliegen die Gewinne der Einkommenssteuer und Gewerbesteuer. Nach dem derzeitigen Stand betreibt einen gewerblichen Grundstückshandel:

◆ wer mindestens vier Objekte (Einfamilienhaus-, Zweifamilienhaus, Eigentumswohnung, Baugrundstücke) verkauft;
◆ wer eine Immobilie innerhalb von fünf Jahren nach Anschaffung oder Fertigstellung des Objekts verkauft.

> **Expertentip:**
> Wer nur drei Wohneinheiten verkauft, betreibt keinen gewerblichen Grundstückshandel (3-Objektegrenze), gilt nicht für gewerbliche Objekte.
> Wer jedoch das Grundstück innerhalb von zwei Jahren kauft und wieder verkauft, muß den Spekulationsgewinn versteuern. Steuerfrei ist der Spekulationsgewinn derzeit nur, wenn der Zeitraum zwischen Anschaffung des Grundstücks und Verkauf mindestens zwei Jahre beträgt.

Wer aus der Immobilienbranche kommt, z.B. Bauunternehmer, Grundstücksmakler oder Architekten, muß seine Gewinne aus Immobilienverkauf regelmäßig als Einkünfte aus dem gewerblichen Grundstückshandel versteuern.

1.8 Eigentumswohnung und Sanierung

Wer eine Eigentumswohnung erwirbt, muß im Rahmen der geplanten Sanierung einige Dinge beachten. Hierbei sollten Sie folgende Begriffserklärungen kennen:

◆ *Wohnungseigentum* ist das *Sondereigentum* an einer Wohnung in Verbindung mit einem *Miteigentumsanteil* an einem *Gemeinschaftseigentum*.

◆ Das gesamte Haus, in dem sich die Eigentumswohnung befindet, beinhaltet die Teile des Gemeinschaftseigentums.

◆ Jeder Wohnungseigentümer erwirbt den auf seine Wohnung entfallenden Miteigentumsanteil. Er wird als Eigentümer für sein Sondereigentum im Grundbuch auf einem gesonderten Grundbuchblatt eingetragen. Er erwirbt damit echtes Eigentum.

◆ Wenn man von *Teileigentum* spricht, dann ist damit das Sondereigentum an nicht zu Wohnzwecken dienenden Räumen eines Gebäudes gemeint, beispielsweise Büros oder Läden.

◆ Grundlage für die Regelungen der Miteigentümer untereinander ist das *Wohnungseigentumsgesetz* (WEG).

◆ Zum *Sondereigentum* gehören die Wohnräume sowie die zu diesen Räumen gehörenden Teile des Gebäudes, die verändert, beseitigt oder eingefügt werden können, ohne daß dadurch das Gemeinschaftseigentum oder das Sondereigentumsrecht eines anderen Wohnungseigentümers beeinträchtigt oder die äußere Gestaltung des Objektes verändert wird. *Zum Sondereigentum gehören daher*: die nichttragenden Zwischenwände einer Wohnung, Innentüren, Verputzung, Tapeten, Einbauschränke, Balkoninnenseiten, Loggia, Telefon, Radio und Fernsehanlagen, Deckenunterseiten, Fußbodenbelag, Heizkörperarmaturen, Sanitäreinrichtungsgegenstände.

◆ Damit ist auch schon gesagt, welche Sanierungsmaßnahmen man als Wohnungseigentümer durchführen kann, ohne daß man andere Miteigentümer fragen muß:

　◆ Modernisierung der Sanitärinstallationen und Umbau des Bades;

　◆ sämtliche Innenausbaumaßnahmen, wie Schallschutz und Wärmedämmung auf den Wand- und Deckeninnenseiten;

　◆ Einbau neuer Fußbodenbeläge;

　◆ Modernisierung oder Umgestaltung der Türen;

　◆ Versetzen von Türen und Einfügen von Wanddurchbrüchen, soweit es sich um die nichttragenden Zwischenwände zwischen einzelnen Zimmern handelt (Baupläne und Statik beachten!).

◆ *Gemeinschaftseigentum* sind das Grundstück sowie die Teile, Anlagen und Einrichtungen des Gebäudes, die nicht im Sondereigentum oder Eigentum eines Dritten stehen. Zum Gemeinschaftseigentum gehören in erster Linie Fundamente, Geschoßdecken, tragende Mauern, Fassaden, Dächer, in der Regel auch Treppen, Treppenhäuser, Aufzüge, Wohnungsabschlußtüren, Versorgungsleitungen bis zu den Wohnungsanschlüssen, Kamine, Lüftungs- und Müllschächte, Außenrolläden, Zentralheizungsanlagen.

◆ Daher können ohne Beschluß der Miteigentümerversammlung folgende Sanierungsmaßnahmen *nicht* durchgeführt werden:

  ◆ Dämmung des Daches mit Auf- und Sparrendämmung, Bau eines neuen Daches;

  ◆ Dämmung der Außenwand und Fassadensanierung;

  ◆ Einbau neuer Fenster und Außentüren;

  ◆ Umbau und Modernisierung der Heizung!

◆ Von der geschilderten Aufteilung in Sondereigentum und Gemeinschaftseigentum kann aber im Einzelfall bei der Begründung von Wohnungseigentum abgewichen worden sein.

◆ Maßgeblich für die Unterscheidung in Gemeinschaftseigentum und Sondereigentum ist daher die *Teilungserklärung* mit *Gemeinschaftsordnung,* die bei der Begründung von Wohnungseigentum beurkundet wurde.

Expertentip:
Jeder Käufer einer Eigentumswohnung sollte sich daher unbedingt eine Kopie der Teilungserklärung mit Gemeinschaftsordnung aushändigen lassen.

Weiterhin ist auf folgendes hinzuweisen:

◆ Das Verhältnis der Wohnungseigentümer untereinander wird auch maßgeblich durch die Beschlüsse in der Wohnungseigentümerversammlung bestimmt.

◆ Erwirbt man eine Eigentumswohnung in einem bereits längere Zeit bestehenden Objekt, kann man als Käufer unter Umständen unliebsame Überraschungen erleben. Beispielsweise wenn die Eigentümergemeinschaft Sanierungsmaßnahmen beschlossen hat, an denen man sich als Käufer dann beteiligen muß. Es ist daher wichtig, sich über die Beschlüsse der Wohnungseigentümerversammlung der letzten Jahre zu informieren. Als Käufer sollte man sich schon vor Abschluß des Vertrages nicht scheuen, die Protokolle der Eigentümerversammlungen in Kopie zur Einsichtnahme anzufordern.

◆ Darüber hinaus sollte auch die Frage der Sonderumlagen für Sanierungsmaßnahmen im Kaufvertrag mit berücksichtigt werden. Der Verkäufer versichert, „daß die Wohnungseigentümergemeinschaft keine ungezahlten Sonderumlagen für Sanierungsmaßnahmen beschlossen hat. Soweit nach Vertragsschluß Sonderumlagen für durchzuführende Sanierungsmaßnahmen beschlossen werden, trägt diese Kosten der Käufer, weil sie im Kaufpreis nicht mit einkalkuliert sind und überdies zu einer Wertsteigerung des Objektes führen." Mit einer derartigen Formulierung kann man versuchen, die Risiken zu mindern.

◆ In Wohnungseigentümerversammlungen werden vielfach Beschlüsse gefaßt, mit denen der einzelne Eigentümer nicht einverstanden ist, beispielsweise weil er die anteilige Kostenbeteiligung an Sanierungsmaßnahmen nicht für richtig hält oder weil er meint, daß die Sanierungsmaßnahme nicht notwendig ist oder viel zu teuer vergeben wird.

◆ In diesem Fall gibt es die Möglichkeit, beim zuständigen *Amtsgericht* einen Antrag zu stellen, den entsprechenden Beschluß für ungültig zu erklären.

◆ Ein Beschluß der Eigentümerversammlung ist nur dann ungültig, wenn er vom Gericht für ungültig erklärt wird.

◆ Hierbei muß jeder die Frist von einem Monat beachten: Der Antrag an das Gericht, einen Beschluß für ungültig zu erklären, kann nur binnen eines Monats seit Beschlußfassung gestellt werden (§ 23 Abs. 4 WEG).

◆ Vielfach wird diese Monatsfrist versäumt, weil Eigentümer auf den Zugang des Protokolls des Verwalters warten.

Expertentip:
Der Anfechtungsantrag muß bei Gericht binnen der Monatsfrist seit der Eigentümerversammlung eingereicht sein, egal ob das Protokoll vorliegt oder nicht, egal, ob der Eigentümer Kenntnis von dem entsprechenden Beschluß hatte oder nicht.

◆ Ansonsten wird der Beschluß wirksam.

◆ Bei Einreichung des Antrages muß der Antrag noch nicht exakt formuliert und begründet werden, dies kann nach Vorlage des Protokolls erfolgen.

Expertentip:
Haben Sie als Käufer der zu erwerbenden Eigentumswohnung noch Änderungswünsche, dann überprüfen Sie im Vorfeld, ob Sie diese Änderungswünsche im Einklang mit der Teilungserklärung und den Beschlüssen der Wohnungseigentümerversammlung verwirklichen können. Beteiligen Sie rechtzeitig Fachleute, um Ärger mit der Hausgemeinschaft zu vermeiden.

2. Der eigentliche Hauskauf – es geht endlich los!

Der Hauskauf ist eine Entscheidung, die die Lebenssituation der ganzen Familie betrifft. Ein Kleidungsstück kann man bei Nichtgefallen zurückgeben, verschenken oder in den Schrank hängen. Der Hauskauf bindet oft für eine ganze Generation, er bestimmt im Einzelfall die wirtschaftlichen Verhältnisse auf 20 Jahre und länger.

Expertentip:
Nehmen Sie sich Zeit, bereiten Sie sich vor. Der Besichtigungstermin ist kein Ausflug, sondern eine sehr wichtige Sache, die gut vorbereitet und sorgfältig durchgeführt werden muß. Lassen Sie kleine Kinder und den Hund zu Hause, nehmen Sie sich viel Zeit. Fotografieren Sie, filmen Sie mit Video und schreiben Sie alles Wichtige auf. Besichtigen Sie das Objekt mehrmals, um beim ersten Termin Übersehenes zu entdecken und nach der Besichtigung und deren Auswertung zu Hause aufgekommene Fragen zu klären. Nehmen Sie spätestens bei der zweiten Besichtigung unbedingt Fachleute mit.

- Zur Vorbereitung des Besichtigungstermins ist es ratsam, Hauszeichnungen (Grundrisse, Schnitte, Baubeschreibung, Ansichten) und auch das Wertgutachten vorab zu prüfen.
- Häufig wird gesagt, vollständige Pläne lägen nicht vor. Man kann die Hausverkäufer darauf hinweisen, daß sie bei den Stadtbauämtern oder den Kreisbauämtern alte Planunterlagen beschaffen sollen.
- Es ist nicht üblich, aber möglich, daß begleitend zum *Wertgutachten* Bestandspläne und eine Fotodokumentation des Objekts angefertigt werden.

Ein Wertgutachten erklärt den Bestands- und den Ertragswert der Immobilie. Für Käufer und Verkäufer bieten Wertgutachten, die von freien, vereidigten Gutachtern oder von den sogenannten Gutachterausschüssen eines Landkreises oder vom Ortsgericht erstellt werden, die beste Grundlage für einen Kaufvertrag.

Expertentip:
Die Kosten schwanken. Erfahrungsgemäß errechnet das Ortsgericht die geringsten Gebühren. Am teuersten wird es unter Umständen, wenn man einen freien, vereidigten Gutachter mit einem Wertermittlungsgutachten beauftragt und nicht vorher ein Kostenangebot verlangt. Die Gebührentabelle, nach denen alle drei genannten Gruppen abrechnen müssen, erlaubt einigen Spielraum.

2.1 Was man über den Kaufvertrag aus rechtlicher Sicht wissen sollte

2.1.1 Der Kaufvertrag mit dem Notar

Eigentümer eines Grundstücks wird man dadurch, daß ein Kaufvertrag über das Grundeigentum geschlossen wird. Wenn im nachfolgenden von *Grundeigentum* gesprochen wird, ist damit alles gemeint, was man allgemein als *Grundbesitz* bezeichnet, nämlich Häuser, Eigentumswohnungen, Bauplätze, Ferienwohnungen.

Ein Kaufvertrag wird nach dem Bürgerlichen Gesetzbuch (BGB) durch Einigung und Übergabe geschlossen.

Kaufverträge können im allgemeinen mündlich und auch schriftlich geschlossen werden. Beim Kauf von Grundeigentum gelten aber besondere Bestimmungen.

Jeder Kaufvertrag über Grundeigentum muß vor einem Notar beurkundet werden. Auch Schenkungsverträge und Verträge mit Bauträgern, die sich verpflichten, ein Grundstück zu verkaufen und auf dem Grundstück ein Wohnhaus zu errichten, müssen notariell beurkundet werden.

Bei den Verträgen mit Bauträgern beinhaltet der Vertrag sowohl kaufrechtliche Bestandteile als auch Bestandteile aus dem Werkvertragsrecht. Da die Rechtsprechung diese Verträge als eine Einheit ansieht, müssen beide Teile, sowohl der *Kaufvertrag über das*

Grundstück als auch der *Werkvertrag über die Errichtung des Gebäudes*, notariell beurkundet werden.

Der notariell beurkundete Kaufvertrag enthält im Regelfall auch die Einigung über den Eigentumsübergang, dies wird in der juristischen Sprache als *Auflassung* bezeichnet.

> **Expertentip:**
> Um die Kosten so gering wie möglich zu halten, sollte der Kaufvertrag zusammen mit der Auflassung beurkundet werden, weil das Gebühren spart.

Eine Auflassung kann noch nicht beurkundet werden, wenn:

◆ das Grundstück erst noch geteilt werden muß, um die zu erwerbende Grundfläche als einzelne Fläche im Grundbuch einzutragen;

◆ die Teilungserklärung noch nicht beurkundet wurde.

> **Expertentip:**
> Es ist empfehlenswert, den Notar zu bitten, Ihnen einen Entwurf des Kaufvertrages vorab zu übermitteln. Den sollten Sie sich in Ruhe durchlesen und sich nicht scheuen, dann Verständnisfragen an den Notar zu stellen. Der Notar ist im übrigen verpflichtet, die Beteiligten zu beraten und zu betreuen (§ 24 Bundesnotarordnung).

Aber Vorsicht: Was ist, wenn Sie einen Entwurf verlangen und dann den Kaufvertrag doch nicht beurkunden?

In diesem Fall hat der Notar, der Ihnen den Entwurf übermittelt hat, gleichwohl einen Anspruch auf die Gebühren. Für einen selbständig verlangten Entwurf eines Kaufvertrages ist nach der Kostenordnung die Gebühr zu erheben, die für das Geschäft (Abschluß des Kaufvertrages) selbst zu erheben ist.

Das bedeutet, daß man unter Umständen für einen verlangten Entwurf auch die Gebühr bezahlen muß, die für den beurkundeten Kaufvertrag entstanden wäre.

Sie sollten deshalb besser wie folgt vorgehen: Man erteilt dem Notar den Auftrag zur Beurkundung des Kaufvertrages und bittet ihn
um Zusendung des Vertrages zur Vorbereitung des Termins.

Wird dann die Beurkundung nicht durchgeführt, entsteht bloß
die Hälfte der Gebühren für die Übersendung eines Entwurfs
(§ 145 Abs. 3 Kostenordnung).

Inhalt des Kaufvertrags

Neben der Bezeichnung der Vertragsparteien und der genauen
Grundstücksbezeichnung (Bezeichnung des Amtsgerichts, der Gemarkung, sowie des entsprechenden Grundbuchblattes) enthält der
Vertrag natürlich auch die Vereinbarung, daß das Grundeigentum
verkauft wird.

- Es ist selbstverständlich, daß das Grundstück mit dem darauf ge-
  bauten Haus veräußert wird, und zwar einschließlich:
  - des wesentlichen Bestandteils, nämlich die mit dem Grund
    und Boden festverbundenen Sachen, z.B. Antenne, die beson-
    ders angepaßte Einbauküche, zugeschnittener und verlegter
    Bodenbelag.
  - des Zubehörs, nämlich bewegliche Gegenstände, die einge-
    baut wurden, z.B. Alarmanlage, nicht die Beleuchtungsgeräte,
    die der Mieter angeschafft hat.
  - Es sollte klar aufgelistet werden, was an strittigen Gegenstän-
    den mit verkauft wird, wie z.B. Markise und Einbauküche.
- Zu vereinbaren ist auch die Höhe des Kaufpreises sowie die Frage, wann der Kaufpreis zu zahlen ist.

Vollzugsvollmacht

Zweckmäßigerweise werden in vielen Verträgen Bürovorsteher
oder Angestellte des Notariats bevollmächtigt, die Verträge abzu-
wickeln. Dies geschieht aus praktischen Gründen und insbesondere auch dann, wenn eine Grundschuld bestellt wird oder die *Auflassung* (Einigung über die Eigentumsumschreibung) später beurkundet werden soll.

Sie müßten ansonsten noch einmal den Notar aufsuchen, dies könnte unter Umständen die Abwicklung verzögern.

Auflassung und Auflassungsvormerkung

Wie bereits darauf hingewiesen, muß eine Einigung über die Eigentumsumschreibung, nämlich die Auflassung, vorliegen.

Wenn der Kaufvertrag beurkundet wurde, geschieht mit dem Vertrag zunächst nichts, denn der Vertrag bleibt bis zur Eigentumsumschreibung beim Notar liegen.

Als Käufer sollte man unbedingt darauf achten, daß im Grundbuch eine sogenannte *Eigentumsübertragungsvormerkung* eingetragen wird. Diese weist darauf hin, daß das Grundstück verkauft wurde, und sichert den Käufer ab. Sie wird gelöscht, wenn man als Eigentümer im Grundbuch eingetragen wird.

Kostenregelung im Vertrag

Die Gebühren für die Beurkundung, für die Eintragung der Auflassungsvormerkung und die Eintragung neuer Grundschulden trägt üblicherweise der Käufer.

Der Verkäufer übernimmt die Kosten für die Löschung seiner Grundschulden und etwaiger Wohn- und Nießbrauchsrechte.

Unter Umständen kann auch die Abwicklung des Vertrages über ein *Notaranderkonto* erfolgen. Ein Notaranderkonto ist nicht bei jedem Kaufvertrag notwendig. Bei dem Notaranderkonto wird der Kaufpreis vom Käufer zunächst auf das Konto des Notars überwiesen, der allein über dieses Konto verfügen kann.

Nachdem sich der Notar überzeugt hat, daß eine Eigentumsumschreibung auf den Käufer ohne Schwierigkeiten möglich ist, wird der Kaufpreis zunächst an die Grundpfandgläubiger überwiesen und dann der Rest an den Verkäufer. Diese Abwicklung wird in problematischen Fällen gewählt, beispielsweise wenn schon ein Zwangsversteigerungsvermerk im Grundbuch eingetragen wurde. Für diese Abwicklung entstehen gesonderte Gebühren.

Die Höhe der Gebühren hängt ab von der Höhe und der Anzahl der Auszahlungen der Kaufpreise. Wer diese Kosten übernimmt, ist Vereinbarungssache, in gewissen Landstrichen ist es üblich, daß diese Kosten geteilt werden, in anderen Landstrichen ist es üblich, daß sie allein der Käufer trägt.

Expertentip:
Lassen Sie sich über die Höhe und die Notwendigkeit dieser Kosten beraten.

Die Grunderwerbssteuer in Höhe von 3,5 % trägt der Käufer; die weiteren Kosten, die mit dem Grundeigentum verbunden sind, wie Grundsteuer, Wasser, Kanal, Strom, Müllabfuhr, trägt ab dem Zeitpunkt der Übergabe des Objektes der Käufer.

Auch enthält der Vertrag die Regelung, wer die Vergütung eines etwaigen Maklers zahlt.

2.1.2 Kaufpreisfälligkeit und Übergabe

Bei der Kaufpreisfälligkeit ist folgendes zu beachten: Normalerweise erfolgen Zahlung des Kaufpreises und Übergabe „Zug um Zug", d.h., Kaufpreisfälligkeit und Übergabe werden aufeinander abgestimmt. Der Käufer zahlt im Einzelfall den Kaufpreis auf ein *Notaranderkonto,* und erst nach Eingang des Kaufpreises auf dem Notaranderkonto wird das Grundeigentum übergeben. Danach wird die Eigentumsumschreibung beantragt und der Kaufpreis an den Verkäufer ausgezahlt.

Bei der Kaufpreisfälligkeit wird jeder Notar darauf achten, daß keine der Vertragsparteien benachteiligt wird. Daher nur kurz ein Hinweis zu zwei besonderen Fällen:

1. Bei (gebrauchten) Immobilien möchte der Verkäufer den Kaufpreis gerne zu einem früheren Zeitpunkt haben, um seinerseits eine neue Immobilie zu erwerben. Die Räumung des verkauften Hauses durch ihn soll aber dann beispielsweise erst ein oder zwei Monate später erfolgen.

Expertentip:
Hüten Sie sich davor, mit dem Verkäufer dann für die Rest-
nutzungszeit einen Mietvertrag abzuschließen. Dies kann gefährlich werden, wenn sich die Räumung des Objektes verzö-
gert.

Denn wenn im Mietvertrag keine sorgfältige Formulierung gewählt wurde, kann es durchaus sein, daß der Verkäufer nur nach
einer Kündigung *durch Sie* das Objekt räumen muß.
Wenn eine frühere Kaufpreisfälligkeit gewünscht wird, dann
sollten sie einen erheblichen Teil des Kaufpreises zu mindestens
zurückbehalten, bis der Verkäufer das Objekt vollständig
geräumt hat. Auf diese Weise verfügen Sie über ein gewisses
Druckmittel, damit die Räumung des Objekts erfolgt.

2. Wenn man ein *Haus erwirbt,* das von einem *Bauträger* gerade
errichtet wird, gelten andere Regeln. Die Makler- und Bauträgerverordnung sieht eine Kaufpreisfälligkeit in Raten vor. Diese
Makler- und Bauträgerverordnung kann nicht nur bei Neubauten vereinbart werden, sondern auch beim Kauf eines vom Bauträger zu sanierenden Altbaus. In allen Fällen ist für die Fällig-
keit der Kaufpreisraten folgendes Voraussetzung:

   ◆ ein wirksamer Vertrag, von dem der Bauträger nicht zurück-
   treten kann;
   ◆ die Eintragung einer Eigentumsübertragungsvormerkung im
   Grundbuch, bei Wohnungs- oder Teileigentum muß auch die
   Aufteilung im Grundbuch vollzogen werden;
   ◆ die Freistellung des Vertragsobjektes von Grundpfandrechten,
   d.h., die Banken, die dem Bauträger das Objekt vorfinanzie-
   ren, müssen erklären, daß sie die Vermögenswerte des Käufers sichern wollen.
   ◆ die Erteilung der Baugenehmigung oder, wenn diese nicht erforderlich ist, die Mitteilung, daß mit dem Bauvorhaben begonnen werden darf.

Wenn diese Voraussetzungen vorliegen, sind beim Neubau folgende *Ratenhöhen* festzulegen, wobei der Verkäufer die Höhe entsprechend dem tatsächlichen Bauablauf festlegt.

Er darf aber höchstens sieben Teilbeträge anfordern, die sich aus den nachfolgend dargestellten Prozentsätzen zusammensetzen dürfen:

- 30 % nach Beginn der Erdarbeiten;
- 28 % nach Rohbaufertigstellung einschließlich Zimmerarbeiten;
- 5,6 % für die Herstellung der Dachflächen und Dachrinnen;
- 2.1 % für die Rohinstallation der Heizungsanlagen;
- 2,1 % für die Rohinstallation der Sanitäranlagen;
- 2,1 % für die Rohinstallation der Elektroanlagen;
- 7 % für den Fenstereinbau einschließlich Verglasung;
- 4,2 % für den Innenausbau, ausgenommen Beiputzarbeiten;
- 2,1 % für den Estrich;
- 2,8 % für die Fliesenarbeiten im Sanitärbereich;
- 8,4 % nach Bezugsfertigkeit Zug um Zug gegen Besitzübergabe;
- 2,1 % für die Fassadenarbeiten;
- 3,5 % nach vollständiger Fertigstellung.

Die Raten sind innerhalb von zehn Tagen nach Anforderung durch den Verkäufer unter Vorlage einer Bestätigung des Bauleiters über den Baufortschritt anzufordern.

Bei zu *sanierenden Altbauvorhaben* gelten ähnliche Prozentzahlen. Die wichtigsten Abweichungen bestehen bei den ersten Raten:

- 30 % sind bereits dann zu zahlen, wenn die eingangs genannten Grundvoraussetzungen (Eigentumsübertragungsvormerkung, Freigabeerklärungen, Baugenehmigung ect.) vorliegen.
- 32 % sind nach Rohbaufertigstellung einschließlich Zimmerarbeiten fällig.

Übergabe

Neben der Kaufpreisfälligkeit ist im Notarvertrag noch die Übergabe zu regeln. Zunächst einmal sollte klargestellt werden, daß die Übergabe lastenfrei erfolgt, daß insbesondere die im Grundbuch eingetragenen Grundschulden gelöscht werden. Das Datum der Besitzübergabe zu einem festen Termin ist zu vereinbaren.

Bei Neubauwohnungen, die Sie vom Bauträger vor der Fertigstellung kaufen, sollten Sie sich den Fertigstellungstermin garantieren lassen und eine verspätete Übergabe durch eine hohe Vertragsstrafe *(Konventionalstrafe)* sanktionieren lassen. Wenn das Objekt nicht rechtzeitig fertiggestellt ist, muß der Verkäufer diese Vertragsstrafe zahlen.

2.1.3 Gewährleistung

Gewährleistung bedeutet, daß der Verkäufer bei Übergabe des Objektes dafür einstehen muß, daß das Objekt keinen Mangel aufweist. Hierbei muß unterschieden werden:

1. Wenn Sie ein *neues Objekt* erwerben, ist es selbstverständlich, daß der Verkäufer Ihnen die Mangelfreiheit garantieren muß.
   Kaufen Sie eine gerade fertiggestellte Immobilie, gilt grundsätzlich die Gewährleistungsfrist des § 477 BGB. Der Verkäufer haftet nur für die Dauer von einem Jahr ab Übergabe des Hauses mit Grundstück dafür, daß das Objekt keine Mängel aufweist.
   Diese Gewährleistungsfrist kann durch Vertrag verlängert werden, und der Verkäufer eines Neubaus sollte zumindest auf die Dauer von zwei Jahren die Mangelfreiheit gewährleisten *(entsprechend der VOB/Teil B siehe Seite 168 ff.)* oder auf die Dauer von fünf Jahren entsprechend den Regelungen des Werkvertrages gemäß § 638 Abs. 1 BGB.
   Die Handwerker des Verkäufers haften diesem gegenüber auch mindestens für die Dauer von zwei Jahren oder sogar fünf Jahren. Diese Gewährleistungsansprüche kann man sich auch abtreten lassen. Entsprechende Regelungen sehen viele Notarverträge vor.
   Kaufen Sie vom Bauträger ein *noch zu erstellendes Haus* oder eine Eigentumswohnung, beträgt die Gewährleistungsfrist mindestens zwei Jahre.
   Sie sollten aber immer darauf achten, daß die Gewährleistungsfrist bei einem Kauf vom Bauträger fünf Jahre entsprechend den

Regelungen des Werkvertragsrechtes des Bürgerlichen Gesetzbuches (BGB) beträgt. Viele Baumängel zeigen sich nämlich erst nach Ablauf von zwei Jahren.

Dies gilt im übrigen auch beim Kauf eines vom Bauträger zu *sanierenden Altbaus*.

2. Beim Erwerb einer *gebrauchten Immobilie* kaufen Sie das Objekt so, wie es Ihnen angeboten wird, also „wie es steht und liegt".

In diesen Fällen wird ein Gewährleistungsausschluß im Kaufvertrag vereinbart, d.h., der Verkäufer ist Ihnen gegenüber nicht verpflichtet, nach Übergabe auftretende Mängel, die Ihnen bekannt sind oder bekannt sein konnten, zu beseitigen. Deshalb gilt folgendes:

◆ Wenn Ihnen Mängel bekannt sind, sollten diese auch im Kaufvertrag aufgeführt sein und ggf. der Verkäufer verpflichtet werden, diese Mängel bis zur Übergabe des Grundeigentums beseitigen zu lassen.

◆ Nun gibt es auch Mängel, die bei Besichtigung nicht festgestellt werden konnten, die sogenannten verdeckten Mängel.

◆ *Verdeckte Mängel* sind Mängel, die ein Interessent auf Anhieb nicht feststellen kann, die sich aber nach Übergabe des Objekts zeigen, z.B. auch drei bis vier Monate nach der Nutzung.

◆ Der Verkäufer haftet trotz der Vereinbarung des Gewährleistungsausschlusses dann für diese verdeckten Mängel, wenn er diese Mängel kannte und Ihnen das Vorhandensein der Mängel verschwiegen hat.

◆ Sie können ihn in diesem Fall haftbar machen.

◆ Beispiel: An einer Außenwand im Keller dringt immer wieder Feuchtigkeit ein. Vor der Besichtigung hat der Verkäufer die Feuchtigkeitsspuren beseitigt und den Keller neu gestrichen, damit niemand diese Feuchtigkeitsspuren sieht. In diesem Fall kannte der Verkäufer den Mangel, und er kann von Ihnen dafür haftbar gemacht werden.

2.1.4 Erschließungskosten

Der Eigentümer, der im Grundbuch eingetragen ist, haftet für die Lasten, die auf dem Grundstück ruhen (§ 446, 103 BGB).

Zu diesen Lasten gehören auch die Erschließungsbeiträge der Städte und Gemeinden für die Neuerschließung von Grundstücken oder für Kosten von Sanierungsmaßnahmen an den öffentlichen Erschließungsanlagen wie z.B. Straße, Kanal, Wasserzuleitungen.

Dabei gibt es die Situation, daß man ein Grundstück als voll erschlossen erwirbt, alle Anschlüsse und Straßen vorhanden sind, die Erschließung allerdings noch nicht vollständig abgeschlossen worden ist. Dann kommt nach Jahren die Stadt/Gemeinde und fordert von dem Neueigentümer Nachzahlungen.

Expertentip:
Die Frage der Erschließungskosten sollte im Vertrag geregelt werden. Der Verkäufer sollte zusichern, daß alle Erschließungsbeiträge für die vorhandenen Anlagen gezahlt wurden, wenn man ein erschlossenes Grundstück erwirbt. Die Beitragspflicht für Erschließungskosten entsteht, wenn die zuständige Gemeinde/Stadt im Eigentum aller notwendigen Flurstücke für die Erschließung ist und die Erschließungsanlage erstellt wurde. Wer auf Nummer Sicher gehen will, sollte sich über den Eigentümer vom zuständigen Liegenschaftsamt eine Bescheinigung über noch offene Beitragsverpflichtungen beschaffen lassen.

2.1.5 Aufgaben und Rolle des Maklers

Gerade an Samstagen finden Sie in den Immobilienteilen der Tageszeitungen zahlreiche Immobilienanzeigen.

Neben den Annoncen von Privatpersonen sind auch zahlreiche Anzeigen von Immobilienmaklern geschaltet, die das Objekt im Auftrag der Verkäufer anbieten.

Der *Immobilienmakler* erhält vom Verkäufer einen Auftrag, den Verkauf des Objektes an Interessenten zu vermitteln. Der Makler führt dann auch unter Umständen die ersten Besichtigungen durch.

Für seine Tätigkeit erhält der Makler eine Provision in Höhe von ca. 3,0 % bis 5,0 % des Kaufpreises zzgl. Mehrwertsteuer.

Das Problem liegt darin, den seriösen Makler vom unseriösen zu unterscheiden.

Jeder, der sich die Erlaubnis nach § 34 c der Gewerbeordnung beschafft, kann gewerbsmäßig den Abschluß von Verträgen über Grundstücke, Eigentumswohnungen usw. vermitteln. Jeder, der nicht vorbestraft ist und noch nie in finanziellen Schwierigkeiten war, kann sich diese Erlaubnis verschaffen. Ein seriöser Makler wird:

◆ dem Interessenten ein vollständiges Exposé über die Immobilie anbieten, mit einer genauen Beschreibung des Objekts, ggf. Baubeschreibung und auch Lageplänen;

◆ Ihnen nicht nur die Adresse des Verkäufers benennen, sondern zu den Besichtigungsterminen erscheinen, die Übersendung des Kaufvertragsentwurfs durch den Notar veranlassen und Sie selbst noch beim Termin mit dem Notar betreuen.

Wie wird der Makler beauftragt?

1. Zunächst erteilt der Verkäufer einem Makler den Auftrag zur Vermittlung des Grundeigentums. Der Verkäufer wird dazu dem Makler einen *Alleinauftrag* erteilen. Nur dieser Makler erhält den Auftrag, das angebotene Objekt zu vermitteln. Der Verkäufer kann in diesem Fall keine anderen Makler beauftragen. Wenn der Verkäufer dem Makler einen *normalen Auftrag* zur Vermittlung erteilt, also keinen Alleinauftrag, hat der Verkäufer darüber hinaus noch die Möglichkeit, andere Makler mit der Vermittlung zu beauftragen oder selbst den Verkauf des Objektes zu übernehmen.

2. Nach Auftragserteilung wird also der Makler das Objekt in Anzeigen anbieten: Wenn man als Kaufinteressent seinerseits an dem Objekt Interesse hat, schließt man mit dem Makler üblicherweise einen Vermittlungsauftrag, in dem unter anderem auch geregelt ist, daß beim Zustandekommen des Kaufvertrages der Provisionsanspruch durch den Käufer zu zahlen ist.

3. Der Makler erhält seine Vergütung – Maklerlohn (Courtage) –, wenn er den Abschluß eines Vertrages nachweist. Der Nachweis des Maklers besteht darin, daß der Makler dem Auftraggeber eine bisher unbekannte Möglichkeit zum Vertragsabschluß nachweist. Der Nachweis des Maklers erfolgt in diesem Fall dadurch, daß er dem Auftraggeber auf die Person des Verkäufers und die Lage des Objekts hinweist.

◆ Dabei ist unerheblich, daß der Interessent das Objekt als solches bereits vorher kannte.

◆ Unerheblich ist auch, ob der Makler sich in die weiteren Vertragsverhandlungen zwischen Verkäufer und Käufer einschaltet.

◆ Bereits für diese Tätigkeit hat der Makler aufgrund der Nachweise den Anspruch auf eine entsprechende Vergütung, wenn der Vertrag zustande kommt.

Die Juristen sprechen in diesem Zusammenhang vom „Kausalzusammenhang zwischen Maklerleistung und Vertragsschluß".

Die vom Makler entfaltete Nachweistätigkeit muß tatsächlich zum Abschluß des Vertrages geführt haben.

Vom Nachweismakler ist der sogenannte Vermittlungsmakler zu unterscheiden. Von einer Vermittlung spricht man dann, wenn sich der Makler in die Vertragsverhandlungen zwischen Verkäufer und Käufer einschaltet und durch seine Vermittlungstätigkeit darauf hinwirkt, daß die beiden Vertragsparteien den Vertrag schließen.

Was ist, wenn Ihnen das Objekt bereits bekannt ist?

Wer längere Zeit auf dem Immobilienmarkt ein geeignetes Objekt sucht, kann nach einiger Zeit auf Objekte stoßen, von denen er bereits weiß, daß sie verkauft werden sollen.

Wenn ein Makler Ihnen beispielsweise das Exposé über eine Wohnung übermittelt, von der Sie bereits wissen, daß sie zum Verkauf steht, dann ist dies kein Nachweis zum Vertragsabschluß. Ein Provisionsanspruch des Maklers entsteht somit nicht.

Wenn Ihnen ein Objekt, von dem Sie wissen, daß es verkauft werden soll, von einem Makler angeboten wird, dann müssen Sie

dem Makler die Unterlagen unverzüglich zurücksenden und ausdrücklich schriftlich darauf hinweisen, daß Ihnen das Objekt beispielsweise bereits vom Eigentümer zum Verkauf angeboten wurde.

Expertentip:
Machen Sie dieses sofort schriftlich, damit vermeiden Sie Strei-
tigkeiten.

Was ist, wenn Ihnen ein Objekt durch mehrere Makler angeboten wird?

Nicht selten kommt es vor, daß ein Objekt von mehreren Maklern
angeboten wird. Aufgrund der unterschiedlichen Beschreibungen
des Objekts durch die einzelnen Makler kann man aber nicht sofort erkennen, daß es sich um dasselbe Objekt handelt.

Expertentip:
Wenn Sie von mehreren Maklern Angebote über die gleiche
Wohnung erhalten, dann müssen Sie jedem weiteren Makler,
der Ihnen das Angebot unterbreitet, schriftlich mitteilen, daß
Ihnen das Objekt bereits vom Erstmakler angeboten wurde.
Selbstverständlich müssen Sie auch die übermittelten Vertragsunterlagen zurücksenden. Es ist auf jeden Fall am sichersten,
das Anschreiben mit den Vertragsunterlagen per Einschreiben
mit Rückschein zurückzusenden.

Fälligkeit der Maklerprovison

Die Maklerprovision ist fällig, wenn der Vertrag wirksam wird: Also dann, wenn Verkäufer und Käufer sowie der Notar den Kaufvertrag unterzeichnet haben. Regelmäßig ist es üblich, daß der
Makler seinen Anspruch durch eine entsprechende Klausel im Vertrag absichert. Dies erleichtert seine Beweisposition für den Fall,
daß der Käufer die Maklerprovision nicht zahlt.

Dementsprechend enthalten die vom Makler vermittelten Verträge folgende Formulierung:

Beispiel für Makler-Vertrag

Dieser Vertrag ist zustande gekommen durch die Vermittlung der Firma Tüchtig in Bedorf.

Die Maklerfirma ist von beiden Vertragsbeteiligten beauftragt worden, entgeltlich aber nur gegenüber dem Käufer tätig zu werden. Die Maklerprovision in Höhe von 5 % des Kaufpreises zzgl. gesetzlicher Mehrwertsteuer trägt der Käufer.

Die Maklerprovision ist mit Abschluß dieses Vertrages fällig und verdient.

Diese Bestimmung ist keine Nebenabrede bezüglich der Maklerprovision, sondern wesentlicher Bestandteil dieses Vertrages und begründet einen eigenen unmittelbaren Rechtsanspruch des Maklers (Vertrag zugunsten Dritter), der die Ausübung eines etwaigen Vorkaufsrechts nach dem Baugesetzbuch überdauern soll.

Erläuterungen

◆ *Vertrag zugunsten Dritter:* Da der Makler nicht Vertragspartei ist, muß die Konstruktion des Vertrages zugunsten Dritter gemäß § 328 BGB gewählt werden, um dem Makler seinen Anspruch zu sichern. Bei dieser Formulierung hat der Makler dann gegen den Käufer einen unmittelbaren Anspruch auf Zahlung der Maklerprovision.

◆ Die Städte und Gemeinden haben grundsätzlich ein *Vorkaufsrecht* nach dem Baugesetzbuch. Dieses Vorkaufsrecht besteht aber erst dann, wenn ein Kaufvertrag wirksam zustande gekommen ist. Selbstverständlich möchte der Makler seine Vergütung auch gesichert wissen, wenn eine Stadt/Gemeinde ihr Vorkaufsrecht ausübt.

Reservierungsvereinbarung

In vielen Fällen verlangt ein Makler die Unterzeichnung einer Reservierungsvereinbarung, bevor der Notar mit der Beurkundung beauftragt wird.

Mit dieser Vereinbarung möchte der Makler den ihm entstandenen Aufwand ersetzt bekommen, wenn es sich der Kunde anders überlegt und den Kaufvertrag doch nicht beurkunden will. Er kann aber allenfalls verlangen, daß ihm die entstanden Kosten bzw. Aufwendungen ersetzt werden.

Expertentip:
Unterzeichnen Sie Reservierungsvereinbarungen nur dann, wenn das Objekt tatsächlich gekauft werden soll.

In diesem Fall hat man auch eine gewisse Sicherheit, daß der Makler das Objekt nicht weiteren Interessenten anbietet und Ihre Kaufbemühungen zunichte macht.

Aber: Allein der Verkäufer entscheidet, an wen er das Objekt verkauft.

2.2 Sanierungsobjekte und ihre Tücken – Gebäudearten und Schäden

Sie planen den Kauf eines sanierungsbedürftigen Hauses oder die Übernahme einer renovierungsbedürftigen Wohnung. Zuerst haben Sie sich beraten und für sich selbst oder in der Familie geklärt, daß Sie Ihre bisherige Wohnung aufgeben wollen.

◆ Sie wissen, in welcher Stadt, welchem Stadtteil oder Gemeinde Sie künftig wohnen wollen. In Kapitel 1 dieses Buches haben Sie die Kriterien für den Wohnungswechsel bzw. die anderen Gründe für eine Veränderung oder Investition erarbeitet und anhand von Checklisten überprüft.
◆ Anhand des Wohnungsmarktes der Tageszeitungen können Sie das Angebot von Privatpersonen, Maklern, Immobiliengesellschaften und Bauträgern studieren.
◆ Sie haben bereits festgelegt, welche Größe, Lage und Ausstattung Sie wünschen. In den Anzeigen sind zumindest bruchstückhaft die Vorzüge und Attribute beschrieben, die das Wunsch-

oder Traumbild Ihres zukünftigen Hauses oder der Wohnung ausmachen.

Sie haben sich nun für ein Objekt entschieden, das saniert werden muß. Es liegt in der richtigen Stadt, ist gut erreichbar, die Wohngegend stimmt, auch Freunden und Verwandten sagt das Objekt zu. Sie und Ihre Familie haben entschieden, da wollen wir hin. Für das Sanierungsobjekt sprechen gute Gründe. Der Preis stimmt, anhand der Bestandsunterlagen haben Sie vorab prüfen können, daß das Haus substanziell in Ordnung sein muß; zusammen mit Ihrem Berater, einem Architekten oder einem anderen kompetenten Vertrauten, haben Sie ebenfalls sondiert, daß die Anpassungsarbeiten, wie Herausreißen von Wänden, Vergrößerung der Fenster, Neugestaltung des Hauseingangs – Sie und nicht zuletzt das Haus in keiner Weise überfordern.

So gründlich, wie Sie bei der Objektsuche und Auswahl vorgegangen sind, sollten Sie, zusammen mit einem Fachmann, die wünschenswerten und notwendigen Arbeiten am Haus prüfen und bestimmen. Bedienen Sie sich der Checklisten, die Ihnen Ihre Entscheidungen erleichtern und diese jederzeit nachvollziehbar dokumentieren.

Zunächst müssen Sie einiges über die Besonderheiten alter Häuser gründlich bedenken.

2.2.1 Sanierungsobjekte

Sanierungsobjekte lassen sich grob in vier Kategorien unterscheiden:

◆ historische Bauten und Fachwerkobjekte;
◆ Gründerzeitbauten, die um 1900 errichtet wurden;
◆ Siedlungsbauten bis zum Zweiten Weltkrieg;
◆ Häuser, die nach dem Zweiten Weltkrieg errichtet wurden.

In kurzen Stichworten sollen die Altbautypen dargestellt werden, denn „den Altbau" an sich gibt es nicht. Zur besseren Übersicht und um dem schnellen Leser entgegenzukommen, werden im folgenden für jeden der Altbautypen die häufigsten und exemplarischen Gebäudeschäden beschrieben. Unterscheidungsmerkmale sind nicht nur bei der Gebäudekonstruktion, sondern auch bei den baulichen Besonderheiten der jeweiligen Zeit zu suchen.

Expertentip:
Im Zusammenhang mit dem Abschluß des Kaufvertrages muß man bei älteren Objekten zwei Tatbestände beachten, damit man keine Überraschungen erlebt. Solche älteren Gebäude können nicht nur unter Denkmalschutz stehen, sondern auch in einem sogenannten „Sanierungsgebiet" liegen.

Historische Bauten und Fachwerkobjekte

In den Städten und Gemeinden sind nur noch wenige, einzelne Gebäude erhalten, die vor 1700 entstanden sind (*historische Bauten*). Stattliche Bürgerhäuser wurden im Barock und Klassizismus erstellt. Sakralbauten sind in Deutschland in der Mehrzahl der Gotik zuzurechnen. Prunkbauten sind noch aus der Zeit der Renaissance erhalten. Es handelt sich dabei fast ausnahmslos um Objekte im öffentlichen Besitz. Entsprechend ihrer Geschichte und Bedeutung für den Ort stehen die Häuser alle unter Denkmalschutz und können nur in enger Absprache und im Rahmen einer qualifizierten Planung renoviert oder modernisiert werden. Es handelt sich meist um Steinbauten (Naturstein).

Die meisten *Fachwerkhäuser*, die in Deutschland heute noch erhalten sind, stammen aus dem 18. und 19 Jahrhundert. In Städten und Gemeinden bilden sie den Siedlungskern. In der überwiegenden Mehrzahl stehen die Objekte wegen ihres bauhistorischen Einzelwerts oder ihrer Ensemblebedeutung unter *Denkmalschutz*.

Steinhäuser wie auch Fachwerkobjekte können noch viele Jahrzehnte und für Generationen von Bewohnern ihre Funktion zur vollen Zufriedenheit der Nutzer erfüllen. Alte Bausubstanz muß nicht zwangsläufig dem Verfall preisgegeben werden.

Fachwerkbauten bestehen in Deutschland überwiegend aus *Eichenholz*. Nach dem Zweiten Weltkrieg wurden teilweise Ergänzungen und Reparaturen in *Nadelholz* ausgeführt. Ein anderer

Grund für die Verwendung von Nadelholz waren Reparaturen nach Bränden. In vielen Orten gab es bis Ende des 18. Jahrhunderts verheerende Brände, die oftmals ganze Ortskerne oder Straßenzüge vernichteten. Fachwerkbauten konnten immer wieder repariert und instandgesetzt werden und werden den modernen Wohnansprüchen über Jahrzehnte hinweg bis heute vorbildlich angepaßt.

Expertentip:
Städte und Gemeinden verfügen über Arbeitslisten der Landesämter für Denkmalpflege, in denen die Objekte nach Straßen und Hausnummern verzeichnet sind.

Ist ein Haus in der *Denkmalliste* erfaßt, sind bei Sanierung und Modernisierung strengere Bauauflagen zu beachten als bei Objekten, die nicht als Denkmal bewertet werden. Alle Fassadenänderungen und Eingriffe in das konstruktive Gefüge eines Fachwerkhauses sind baugenehmigungspflichtig. D. h. vor Beginn der Sanierung ist bei dem zuständigen Kreisbauamt ein Bauantrag zu stellen. Das *Kreisbauamt* beteiligt seinerseits die zuständige Gemeinde oder Stadtverwaltung an der Entscheidung darüber.

Gründerzeitbauten

Gründerzeitbauten nennt man Häuser, die um 1900 errichtet wurden. In dieser Zeit herrschte eine gute Baukultur, daher zeigen Häuser aus dieser Epoche teilweise geringere Schäden und Mängel als spätere Bauten. Es herrschte weniger materielle Not, das Bauen erlebte eine Blütezeit. Die Baumeister handelten in großer Verantwortung und Weitsicht, was sich durchaus bis in die heutige Zeit auswirkt.

Die Häuser weisen oftmals großzügige Geschoßhöhen auf und stehen häufig frei auf dem Grundstück. Gründerzeithäuser und Wohnbauten aus der Zeit vor dem Ersten Weltkrieg entsprechen hinsichtlich Zuschnitt und Größe der einzelnen Wohnungen oft nicht den heutigen Vorstellungen. Einzelne Räume sind entweder zu groß und zu hoch, oder sie sind wegen der Einteilung in Dienstbotenbereich und Hauptwohnung umständlich erschlossen. Häufig fehlen geeignete Räume für zusätzliche Bäder.

Wohnhäuser bis zum Zweiten Weltkrieg

Siedlungshäuser und städtische Wohnhäuser, die vor dem Zweiten Weltkrieg errichtet wurden, sind entweder traditionell orientiert, oder ihr Baustil, die Aufteilung und die verwandten Baumaterialien lassen Mut zum Experimentieren ahnen. Die häufig überzeugenden Möglichkeiten und Raumerlebnisse sind mitunter teuer zu bezahlen: Die Bauten weisen aufgrund des Einsatzes neuer Baumaterialien andere, vielfach umfassende Schadensbilder auf, die eine vielfältige Sanierungsvorgehensweise erfordern.

Wohnhäuser nach dem Zweiten Weltkrieg

Häuser, die in den ersten Jahren nach dem Zweiten Weltkrieg gebaut wurden, sind häufig sanierungsbedürftig, weil sie in den Notzeiten mit Improvisationstalent entstanden. Da gibt es Ausführungsdetails, die sich bis heute nicht bewähren. Zu nennen sind insbesondere unzureichende Dämmung und bei Flachdachhäusern die Abdichtung der Dachdecken. Einen weiteren Schwachpunkt stellen Balkone und Loggien dar.

Die Häuser der „Wiederaufbauzeit" wurden nahezu alle in Massivbauweise errichtet, als Mauerwerksbauten und mit Decken aus Beton. Ein nicht zu vernachlässigender Nachteil dieser Bauten ist aus heutiger Sicht die kleinräumige Grundrißgestaltung. Weitere typische Nachteile dieser Häuser sind:

◆ große „Kältebrücken";
◆ mangelhafte Wärmedämmung;
◆ daher zu hoher Heizenergieverbrauch.

Eine Übersicht zu den häufigsten Bauteilschäden wird für die einzelnen Bautentypen gesondert aufgelistet. Für die Installationsgewerke sind die Schäden bei den Haustypen durchaus vergleichbar.

Expertentip:
Richten Sie Ihr Augenmerk auf das Wesentliche, hier die Schäden Ihres Altbaus.

2.2.2 Denkmalschutz

Der Denkmalschutz ist in Deutschland Ländersache, d.h., jedes Bundesland verfügt über seine eigenen Denkmalschutzgesetze.

Wer ein denkmalgeschütztes Objekt erwirbt, der muß sich zunächst über die Denkmalschutzvorschriften seines Bundeslandes informieren.

Im folgenden daher ein Überblick über die wichtigsten Begriffe im Zusammenhang mit dem Denkmalschutz.

◆ Schutzwürdige *Kulturdenkmäler* sind Bauten, an deren Erhaltung aus künstlerischen, wissenschaftlichen, technischen, geschichtlichen oder städtebaulichen Gründen ein öffentliches Interesse besteht. Danach kann also ein einzelnes Haus unter Denkmalschutz stehen, weil es sich beispielsweise um ein Fachwerkhaus aus dem 18. Jahrhundert handelt oder um ein Fachwerkhaus in einem besonderen Baustil.

◆ Neben dem einzelnen Haus können aber auch Ensembles von mehreren Häusern *Kulturdenkmäler* sein, beispielsweise wenn es sich um geschlossene Straßenzüge, geschlossene Plätze oder sonstige Ortsbilder handelt. Dann steht nicht nur das einzelne Haus unter Denkmalschutz, sondern der gesamte Platz mit sämtlichen daran anschließenden Häusern.

◆ Die unbeweglichen Kulturdenkmäler und Häuser werden regelmäßig in ein öffentliches Verzeichnis, das sogenannte *Denkmalbuch*, eingetragen. Die Denkmalbücher werden von der jeweiligen Denkmalfachbehörde (z.B. Landesamt für Denkmalpflege) geführt, die Eintragung in das Denkmalbuch erfolgt von Amts wegen oder auf Antrag.

◆ Die jeweiligen Städte oder Landkreise führen für ihr Gebiet Auszüge aus dem Denkmalbuch und zwar bei den „Unteren Denkmalschutzbehörden". Diese werden im Regelfall bei dem jeweiligen Bauamt geführt. Sie müssen hier entsprechende Erkundigungen einholen.

◆ Wer Eigentümer eines Denkmals ist, ist verpflichtet, dieses Denkmal (im Rahmen des Zumutbaren) zu erhalten und pfleglich zu behandeln. Darüber hinaus ist der Eigentümer verpflichtet, für bestimmte Baumaßnahmen *vor der Durchführung* noch eine zusätzliche Genehmigung der Denkmalschutzbehörde einzuholen.

Regelmäßig benötigt man als Eigentümer für folgende Baumaßnahmen eine *Genehmigung:*

◆ Zerstörung und Beseitigung;
◆ Umgestaltung oder Instandsetzung;
◆ Anbringung von Werbeanlagen.

Die Genehmigung muß man beispielsweise auch dann einholen, wenn man das Treppenhaus mit einem Farbanstrich versehen will. Es kann durchaus sein, daß jahrzehntelang ein weißer Farbanstrich im Treppenhaus vorhanden war, dieser Farbanstrich aber nicht der Originalfarbe zum Zeitpunkt der Errichtung des Hauses entsprach (beispielsweise bei Jugendstilhäusern waren häufig farbige Anstriche vorhanden). Wer diesen Farbanstrich im Treppenhaus erneuern will, muß auch in diesem Fall die Genehmigung einholen, damit er den von ihm gewählten Farbanstrich aufbringen kann.

Als Eigentümer eines Denkmals sind Sie noch über die bauordnungsrechtlichen Vorschriften der jeweiligen Landesbauordnung und Bebauungspläne in Ihrer Handlungsfreiheit beim Sanieren eingeschränkt. Diese Einschränkung kann ein Nachteil sein, weil dadurch Mehrkosten im Zusammenhang mit der Sanierung entstehen.

Der Tatsache, daß im Zusammenhang mit denkmalgeschützten Objekten Mehrkosten entstehen, trägt der Gesetzgeber dadurch Rechnung, daß er gemäß § 7 i des Einkommensteuergesetzes bei Gebäuden, die nach den jeweiligen landesrechtlichen Vorschriften ein Baudenkmal sind, erhöhte Absetzungen ermöglicht *(siehe Seite 40 f.).*

2.2.3 Sanierungsgebiet

Der Gesetzgeber hat mit den §§ 136 des Baugesetzbuches (BauGB) für Städte und Gemeinden die Möglichkeit geschaffen, städtebauliche Sanierungmaßnahmen, die dem Wohl der Allgemeinheit dienen, durchführen zu lassen.

Wenn eine Gemeinde oder Stadt ein Sanierungsgebiet ausweisen will, so muß eine entsprechende Sanierungssatzung gemäß § 143 BauGB erlassen werden. Die Stadt/Gemeinde teilt dann dem Grundbuchamt die rechtsverbindliche Sanierungssatzung mit, und das Grundbuchamt hat in den entsprechenden Grundbüchern in Abt. II (Lasten und Beschränkungen; *s.o. Seite 23*) einen entsprechenden Sanierungsvermerk einzutragen.

Im Rahmen eines Verkaufs werden derartige Sanierungsvermerke selbstverständlich nicht gelöscht. Wenn ein entsprechender Sanierungsvermerk eingetragen ist, muß die Gemeinde/Stadt gemäß § 144 Abs. 2 BauGB sowohl dem Verkauf eines Grundstücks als auch der Belastung eines Grundstücks mit Grundschulden und Hypotheken zustimmen. Wenn ein Objekt in einem Sanierungsgebiet liegt, muß man als Erwerber mit weiteren Kosten rechnen.

> **Expertentip:**
> Gemäß §§ 153 ff BauGB kann eine Gemeinde nach Durchführung der Maßnahmen von dem jeweiligen Eigentümer des Grundstücks einen Ausgleichsbetrag dafür verlangen, daß sich der Bodenwert des Grundstücks durch die Sanierungsmaßnahme erhöht hat.

Beispiel

Das erworbene Objekt lag bisher im Altstadtbereich, unmittelbar an einer Durchgangsstraße. Im Rahmen der Sanierung wurde aus der Durchgangsstraße eine verkehrsberuhigte Zone/Fußgängerzone, die dem Altstadtstil entsprechend ausgestaltet wurde. Die dadurch bedingte Wertsteigerung schöpft die Gemeinde über den entsprechenden Ausgleichsbetrag ab.

Ggf. muß man sich bei der zuständigen Gemeinde/Stadt über den Umfang der geplanten Sanierungsmaßnahmen informieren.

2.2.4 Wesentliche Schadensbilder nach Bauepochen

Im folgenden werden die häufigsten Schäden der verschiedenen Bauepochen aufgelistet. Mit Hilfe dieser Checklisten können Sie schon bei den Besichtigungen erkunden, welche wesentlichen Schäden eine Altbauimmobilie aufweist und welche Sanierungsmaßnahmen erforderlich sind.

Expertentip:
Mit * gekennzeichnete Schäden weisen auf besonders lohnintensive Sanierungsarbeiten hin. Lassen Sie sich nicht ohne weitere Verhandlungen auf die Abrechnung nach Stundenaufwand ein.

Checkliste: Schadensbilder bei historischen Bauten und Fachwerkhäusern	
Bauteil	**Schadensbild**
Dach und Dachstuhl	◆ unterdimensionierte Dachstühle mit gelösten Holzverbindungen ◆ Schädlingsbefall ◆ morsche Dachgesimse und Dachüberstände*
Außenwände	◆ Risse und undichte Fugen, durch die Wasser eindringen kann
Innenwände	◆ Risse in tragenden Teilen* ◆ feuchte Kellerwände bei fehlender Abdichtung* ◆ aufsteigende Feuchtigkeit durch fehlende Horizontalabsperrung* ◆ Kondensatprobleme innen durch in die Außenwand einbindende Bauteile und an den Gebäudeecken* ◆ Wärmebrücken durch zu dünne Fensterbrüstungen

Geschoßdecken	❖ unterdimensionierte, durchgebogene Holzbalken und -decken* ❖ mangelhafter Schallschutz ❖ abgefaulte Holzbalkenköpfe am Auflager im Mauerwerk* ❖ schadhafter Spalierlatten-Deckenputz mit größeren Abplatzungen* ❖ Schwammbefall am Holz der Decken bei Eindringen der Feuchtigkeit*
Fenster und Außentüren	❖ undichte, verzogene Holzfensterrahmen und Wandanschlüsse ❖ verfaulte Holzteile an Fensterflügeln und -blendrahmen ❖ schadhafte Fensterbeschläge und Schließteile (Beschläge,Mechanik)
Fußböden, Innentüren	❖ durchgetretene Holzdielen mit großer Fugenbreite ❖ schadhafte Fußleisten ❖ mangelhafter Trittschallschutz durch Verbundestriche ❖ durchfeuchtetes schadhaftes Ziegelpflaster des Kellerfußbodens ❖ verzogene, undichte Füllungstüren mit defekten Beschlägen/Schloß
Geschoßtreppen	❖ durchgetretene, an der Vorderkante abgenutzte Holztreppenstufen ❖ angefaulte Treppenteile ❖ Befall der Holztreppe durch tierische oder pflanzliche Schädlinge, z.B. Holzwurmbefall ❖ mangelhafter Brandschutz ❖ schadhafte Platten oder Kunststeinbeläge
Sanitärinstallation	❖ unbrauchbare oder schadhafte Wasser- und Entwässerungsleitungen* ❖ unterdimensionierter Wasser- und Kanalanschluß* ❖ fehlende Warmwasserbereitung für Bäder

Heizung	◆ Einzelofenheizung an zahlreichen Kaminzügen für Kohle, Öl und Gas ◆ unterdimensionierte Hausanschlüsse für Stadtgas ◆ überdimensionierte, gemauerte Kaminzüge mit Versottungsgefahr ◆ Zentralheizungen mit erneuerungsbedürftigen Wärmeerzeugern und Heizflächen ◆ Heizrohrleitungen überdimensioniert für Schwerkraftheizung
Elektroinstallation	◆ unbrauchbare oder erneuerungsbedürftige Elektroleitungen, Dosen, Schalter und Brennstellen* ◆ unbrauchbare oder erneuerungsbedürftige Absicherungen, Verteilungen und Unterverteilungen ◆ unterdimensionierter Hausanschluß
Sonderbauteile	◆ statische Verankerungen des Balkons sind mangelhaft ausgeführt ◆ Frostschäden ◆ Terrassenbeläge uneben, Frostschäden ◆ verrottete Kellerschächte ◆ Gauben, sonstige Dachaufbauten ◆ Schornsteinköpfe ◆ Regenentwässerung von Anbauten
Außenanlagen	◆ Setzungen am Haus (Wege) ◆ verwitterte Gartenmauern ◆ renovierungsbedürftige Zäune ◆ Hecken, Einzelbäume ◆ Zufahrten

Checkliste: Schadensbilder bei Bauten aus der Gründerzeit	
Bauteil	**Schadensbild**
Dach und Dachstuhl	◆ unterdimensionierte Dachstühle mit gelösten Holzverbindungen* ◆ Schädlingsbefall ◆ morsche Dachgesimse und Dachüberstände
Außenwände	◆ Risse und undichte Fugen, durch die Wasser eindringen kann
Innenwände	◆ Risse in tragenden Teilen* ◆ feuchte Kellerwände bei fehlender Abdichtung* ◆ aufsteigende Feuchtigkeit durch fehlende Horizontalabsperrung ◆ Kondensatprobleme innen durch in die Außenwand einbindende Bauteile und an den Gebäudeecken* ◆ Wärmebrücken durch zu dünne Fensterbrüstungen
Geschoßdecken	◆ unterdimensionierte, durchgebogene Holzbalken und -decken* ◆ angerostete oder durchgerostete Träger der Steindecken* ◆ abgefaulte Holzbalkenköpfe am Auflager im Mauerwerk* ◆ schadhafter Spalierlatten-Deckenputz mit größeren Abplatzungen* ◆ Schwammbefall am Holz der Decken bei Eindringen der Feuchtigkeit*
Fenster und Außentüren	◆ undichte, verzogene Holzfensterrahmen und Wandanschlüsse ◆ verfaulte Holzteile an Fensterflügeln und -blendrahmen ◆ schadhafte Fensterbeschläge und Schließteile (Beschläge, Mechanik)

Fußböden, Innentüren	◆ durchgetretene Holzdielen mit großer Fugenbreite ◆ schadhafte Fußleisten ◆ schadhafte Verbundestriche auf Massivdecken mit Rissen oder Löchern ◆ mangelhafter Trittschallschutz durch Verbundestriche ◆ durchfeuchtetes schadhaftes Ziegelpflaster des Kellerfußbodens ◆ verzogene, undichte Füllungstüren mit defekten Beschlägen/Schloß
Geschoßtreppen	◆ durchgetretene, an der Vorderkante abgenutzte Holztreppenstufen ◆ angefaulte Treppenteile ◆ Befall der Holztreppe durch tierische oder pflanzliche Schädlinge ◆ mangelhafter Brandschutz ◆ schadhafte Platten oder Kunststeinbeläge
Sanitärinstallation	◆ unbrauchbare oder schadhafte Wasser- und Entwässerungsleitungen* ◆ unterdimensionierter Wasser- und -Kanalanschluß ◆ fehlende Warmwasserbereitung für Bäder
Heizung	◆ Einzelofenheizung an zahlreichen Kaminzügen für Kohle, Öl und Gas ◆ Stadtgas ◆ überdimensionierte, gemauerte Kaminzüge mit Versottungsgefahr ◆ Zentralheizungen mit erneuerungsbedürftigen Wärmeerzeugern und Heizflächen ◆ Heizrohrleitungen überdimensioniert für Schwerkraftheizung

Elektroinstallation	◆ unbrauchbare oder erneuerungsbedürftige Elektroleitungen, Dosen, Schalter und Brennstellen* ◆ unbrauchbare oder erneuerungsbedürftige Absicherungen, Verteilungen und Unterverteilungen ◆ unterdimensionierter Hausanschluß
Sonderbauteile	◆ statische Verankerungen des Balkons sind mangelhaft ausgeführt ◆ Terrassenbeläge uneben ◆ Kellerschächte ◆ Gauben, sonstige Dachaufbauten ◆ Schornsteinköpfe ◆ Regenentwässerung von Anbauten
Außenanlagen	◆ Setzungen am Haus (Wege) ◆ verwitterte Gartenmauern ◆ renovierungsbedürftige Zäune ◆ Hecken, Einzelbäume ◆ Zufahrten

Checkliste: Schadensbilder bei Siedlungsbauten bis zum Zweiten Weltkrieg

Bauteil	Schadensbild
Dach und Dachstuhl	◆ unterdimensionierte Dachstühle (Mindesthöhen der Sparren bei Wärmedämmung nicht gegeben) ◆ morsche Dachgesimse und Dachüberstände* ◆ mangelhaft ausgeführter Wärme- und Schallschutz
Außenwände	◆ Risse und undichte Fugen, durch die Wasser eindringen kann
Innenwände	◆ Risse in tragenden Teilen* ◆ feuchte Kellerwände bei fehlender Abdichtung* ◆ aufsteigende Feuchtigkeit durch fehlende Horizontalabsperrung* ◆ Kondensatprobleme innen durch in die Außenwand einbindende Bauteile und an den Gebäudeecken* ◆ Wärmebrücken durch zu dünne Fensterbrüstungen
Geschoßdecken	◆ angerostete oder durchgerostete Träger der Steinkammerdecken
Fenster und Außentüren	◆ undichte, verzogene Holzfensterrahmen und Wandanschlüsse ◆ verfaulte Holzteile an Fensterflügeln und -blendrahmen ◆ schadhafte Fensterbeschläge und Schließteile (Beschläge, Mechanik)
Fußböden, Innentüren	◆ durchgetretene Holzdielen mit großer Fugenbreite ◆ schadhafte Fußleisten ◆ mangelhafter Trittschallschutz durch Verbundestriche

Geschoßtreppen	◆ mangelhafter Brand- und Schallschutz ◆ schadhafte Platten oder Kunst- steinbeläge
Sanitärinstallation	◆ unbrauchbare oder schadhafte Wasser- und Entwässerungsleitungen* ◆ unterdimensionierter Wasser- und Kanalanschluß* ◆ fehlende Warmwasserbereitung für Bäder
Heizung	◆ Einzelofenheizung an zahlreichen Kaminzügen für Kohle, Öl und Gas ◆ unterdimensionierte Hausanschlüsse für Gas ◆ überdimensionierte, gemauerte Kaminzüge mit Versottungsgefahr ◆ Zentralheizungen mit erneuerungs- bedürftigen Wärmeerzeugern und Heizflächen ◆ Heizrohrleitungen überdimensioniert für Schwerkraftheizung
Elektroinstallation	◆ unbrauchbare oder erneuerungs- bedürftige Elektroleitungen, Dosen, Schalter und Brennstellen* ◆ unbrauchbare oder erneuerungs- bedürftige Absicherungen, Verteilungen und Unterverteilungen ◆ unterdimensionierter Hausanschluß
Sonderbauteile	◆ statische Verankerungen des Balkons sind mangelhaft ausgeführt ◆ Terrassenbeläge uneben ◆ Kellerschächte ◆ Gauben, sonstige Dachaufbauten ◆ Schornsteinköpfe ◆ Regenentwässerung von Anbauten
Außenanlagen	◆ Setzungen am Haus (Wege) ◆ verwitterte Gartenmauern ◆ renovierungsbedürftige Zäune ◆ Hecken, Einzelbäume ◆ Zufahrten

Checkliste: Schadensbilder bei Siedlungsbauten nach dem Zweiten Weltkrieg

Bauteil	Schadensbild
Dach und Dachstuhl	◆ unterdimensionierte Dachstühle (Mindesthöhen der Sparren bei Wärmedämmung nicht vorhanden) ◆ morsche Dachgesimse und Dach- überstände* ◆ undichtes Flachdach
Außenwände	◆ Risse und undichte Fugen, durch die Wasser eindringen kann
Innenwände	◆ Risse in tragenden Teilen* ◆ feuchte Kellerwände bei fehlender Abdichtung* ◆ aufsteigende Feuchtigkeit durch fehlende Horizontalabsperrung* ◆ Kondensatprobleme innen durch in die Außenwand einbindende Bauteile und an den Gebäudeecken* ◆ Wärmebrücken durch zu dünne Fensterbrüstungen
Geschoßdecken	◆ angerostete oder durchgerostete Träger der Steinkammerdecken
Fenster und Außentüren	◆ verfaulte Holzteile an Fensterflügeln und -blendrahmen
Fußböden, Innentüren	◆ durchgetretene Holzdielen mit großer Fugenbreite ◆ schadhafte Fußleisten ◆ mangelhafter Trittschallschutz durch Verbundestriche
Geschoßtreppen	◆ mangelhafter Brand- und Schallschutz ◆ schadhafte Platten oder Kunst- steinbeläge
Sanitärinstallation	◆ unbrauchbare oder schadhafte Wasser- und Entwässerungsleitungen*
Heizung	◆ unterdimensionierte Hausanschlüsse für Gas

	◆ Entsorgung asbesthaltiger Nacht-speicheröfen ◆ überdimensionierte, gemauerte Kaminzüge mit Versottungsgefahr ◆ Zentralheizungen mit erneuerungs-bedürftigen Wärmeerzeugern und Heizflächen ◆ Heizrohrleitungen überdimensioniert für Schwerkraftheizung
Elektroinstallation	◆ unbrauchbare oder erneuerungs-bedürftige Elektroleitungen, Dosen, Schalter und Brennstellen* ◆ unbrauchbare oder erneuerungs-bedürftige Absicherungen, Verteilungen und Unterverteilungen ◆ unterdimensionierter Hausanschluß
Sonderbauteile	◆ statische Verankerungen des Balkons sind mangelhaft ausgeführt ◆ Terrassenbeläge uneben ◆ Kellerschächte ◆ Gauben, sonstige Dachaufbauten
Außenanlagen	◆ Schornsteinköpfe ◆ Regenentwässerung von Anbauten ◆ Setzungen am Haus (Wege) ◆ verwitterte Gartenmauern ◆ renovierungsbedürftige Zäune ◆ Hecken, Einzelbäume ◆ Zufahrten

Expertentip:
Die Liste könnte umfangreicher ausfallen. Sprechen Sie mit Ihrem Architekten und Handwerker über eventuelle Beson-derheiten. Informieren Sie sich vor der Bestandsaufnahme der Schäden, welche Standards Sie bei der Sanierung und vor al-lem beim Wohnen anstreben, ob sie realisiert werden können und wie teuer sie werden.

2.2.5 Folgerungen, die aus den Schadensbildern zu ziehen sind

Es ist davon auszugehen, daß ein Objekt schon zu einem früheren Zeitpunkt Veränderungen, Einbauten und Nachbesserungen erhalten hat. Sie betreffen in der Regel Wärmeschutzmaßnahmen, den Einbau von Zentralheizungen, Standardverbesserungen in Bädern, den Anbau von Balkonen, Terrassen und Loggien, die Angliederung von Wintergärten, Rolläden, Sonnenschutzjalousien etc.

> **Expertentip:**
> Überprüfen Sie, welche dieser nachträglichen Veränderungen oder Verbesserungen gut und sinnvoll waren. Manche „Verbesserungen" könnten eher als „Verschlimmerungen" bezeichnet werden. Fachleute wissen, daß vieles auch schon kaputt saniert wurde.

Da meinte z.B. ein Hauseigentümer, er bräuchte unbedingt ein Wetterdach an der Ostfassade als Unterstand für den Zweitwagen, Überdachung des Kaminholzplatzes usw. Der Anschluß dieses Daches wurde aber so miserabel ausgeführt, daß Regenwasser die Fassade zerstörte und das Mauerwerk durchfeuchtete. Nasse Wände fördern die Schimmelbildung und können zu großen Schäden führen.

Neben fraglichen konstruktiven Kompromissen sind auch die gestalterischen und wohnwertbestimmenden Kriterien nicht zu verkennen. Keine Zierde ist z.B. das Wetterdach, das ein Fenster verschattet und den Freiraum abschirmt, so daß nichts mehr wächst und die Ecke gepflastert werden muß. Ein weiteres Beispiel sind nachträglich angebaute Rolläden. Ob diese zu dem Objekt passen und konstruktiv bedenkenlos beibehalten werden können, ist spätestens dann zu prüfen, wenn die Sanierung der Fassade bevorsteht. Zu überlegen ist der gestalterische Eindruck auch, wenn neue Fenster eingebaut werden sollen.

Wie schafft man es, sich im alten Haus wohl zu fühlen?

Auch kleine Maßnahmen können helfen, sein Umfeld zu schonen. Nicht alles Alte muß gleich zum Sperrmüll – Reparieren geht häufig vor Neukauf. Dabei muß man auch nicht auf den gewohnten Komfort verzichten. Jede Baumaßnahme stellt einen Eingriff in die Natur dar, deshalb soll man die Umweltbelastung bei Umbau und Nutzung so gering wie möglich halten. Durch eine Dach- oder Fassadenbegrünung kann eine verbaute Grundfläche „ausgeglichen" werden. Das Kleinklima für Insekten und Vögel verbessert sich dadurch nicht unerheblich.

Begriffe wie Feuchtbiotop, Wärmerückgewinnung sind heute Allgemeingut. Selbst Fertigbaufirmen bieten heute Ökohäuser an, wodurch oftmals erstaunliche Ergebnisse erzielt werden. So erreichen heute aus Holz gefertigte Fassaden ähnlich gute Dämmwerte wie eine 50 cm starke Ziegelmauer.

Ein niedriger Energieverbrauch, ein kompakter Grundriß sowie naturnahe Baumaterialien wie Holz, Lehm oder Ziegel bilden den Mittelpunkt umweltgerechten Wohnens. Auch ältere Häuser können in diesem Sinne modernisiert werden, wobei dies auch für „normale" Hausbesitzer gilt, nicht nur für „Ökofreaks" oder Wohlhabende. So haben Niedrigenergie-Häuser häufig nicht einmal die Hälfte der Warmwasser- und Stromkosten wie „Normal-Häuser". Überdies werden Modernisierungsmaßnahmen wie Sonnenkollektoren, Windkraftnutzung, Biogasanlagen und der ökologisch sinnvolle Ausbau des Dachgeschosses vom Staat gefördert.

> **Expertentip:**
> Prüfen und nutzen Sie die unterschiedlichen Beratungsdienste. Brauchen Sie wirklich Rolläden herkömmlicher Bauart? Möchten Sie durch Rolläden mehr Sicherheit, Verdunkelung, Wärmeschutz, und/oder Komfort erreichen?

3. Sanierungs- und Modernisierungsziele

In diesem Kapitel werden bewährte und gängige Sanierungstechniken vorgestellt und kommentiert. Besondere Berücksichtigung finden dabei umweltverträgliche Bauweisen und möglichst einfache Verfahren, die keine Spezialmaschinen benötigen. Der gesunde Menschenverstand ist gefragt und nicht ein Rezept, das eine Spezialfirma anbietet, die nach der Gewährleistungsfrist nicht greifbar ist.

3.1 Checkliste: Vom Dach bis zu den Grundmauern

Unabhängig vom Alter des Hauses sollten folgende Punkte im Hinblick auf eine eventuelle Sanierung untersucht werden.

Checkliste: Vom Dach bis zu den Grundmauern	
	Worauf Sie achten sollten
Dach	◆ Eindeckung ◆ Isolierung ◆ Zustand ◆ Dachraumnutzung ◆ Wärmedämmung ◆ Schornstein (Erreichbarkeit, Versottungsspuren)
Außenwand	◆ Wandart ◆ Fassade ◆ Fassadengestaltung ◆ Wandaufbau ◆ Wärmedämmung ◆ Fassadenschäden ◆ Dachrinnen
Wintergarten	◆ Material, Verglasung, Verschattung
Innenbereich	◆ Eingangsbereich ◆ Briefkästen (Kältebrüche)

	◆ Treppe/Aufzug ◆ Wände (Schimmel, schadhafte Dielen) ◆ Fußleisten
Fenster	◆ Alter der Fenster ◆ Rahmenmaterial/Anstriche ◆ Bauart (K-Wert, Isolierverglasung) ◆ Kellerfenster
Installationen	◆ Leitungen ◆ Steckdosen/Lichtschalter ◆ Stromzähler (Sicherungen, FI-Schalter, Erdung) ◆ Kabel-/Antennen- und Telefonanschluß ◆ Badezimmer (Alter, Fläche, Ausstattung) ◆ Heizung ◆ Anlage (Baujahr Kessel, Warmwasserbereitung)
Keller	◆ Aufteilung ◆ Wände, Boden, Decke ◆ Feuchtigkeit ◆ Belüftung, Beleuchtung ◆ Zustand ◆ Öltank ◆ Heizraumtür ◆ Wasser-/Abwasseranschluß, Reinigungsschächte

3.2 Überlegungen des Eigentümers vor der Sanierung

Überprüfen Sie, warum Sie Veränderungen vornehmen wollen und welche Ziele Sie mit den Sanierungs- und Modernisierungsaktivitäten verfolgen.

Als Hausbesitzer müssen Sie hierbei Ihre eigenen Ansprüche an Wohnkomfort und die bereits aufgetretenen oder in Zukunft zu erwartenden Schäden Ihres Hauses berücksichtigen.

Eigentümer einer Eigentumswohnung müssen Sanierungs- und Modernisierungswünsche noch einen Schritt gründlicher planen als Hausbesitzer.

◆ Dienen die angestrebten Maßnahmen der Instandhaltung des Objektes oder sind sie rein kosmetischer Art?

◆ Ist absehbar, daß die Wohnung nur auf Zeit genutzt wird?

◆ Erleichtern die geplanten Veränderungen den Verkauf oder die Vermietung der Wohnung? Vergleichen Sie die Checklisten auf den *Seiten 130 bis 133*, bevor Sie die ersten Aufträge vergeben.

Expertentip:
Als Hausgemeinschaft erhalten Sie eine verbesserte Förderung bei Sanierungsmaßnahmen, die dem Umweltschutz und der Energieeinsparung dienen. Über Anschreiben und Versammlungen kann man das Interesse der Wohnungsnachbarn sondieren und koordinieren. In Hinblick auf attraktive Förderung fallen manche Entscheidungen leichter.

Rechtstip:
Als Wohnungseigentümer müssen Sie Änderungswünsche am Grundriß oder an festen Einbauten auf die Vertragskonformität Ihres Übernahme- oder Kaufvertrages überprüfen lassen. Ziehen Sie anerkannte Fachleute zu Rate, um Ärger mit der Hausgemeinschaft von vornherein zu vermeiden.

Zu unterscheiden sind in jedem Falle Maßnahmen, die der Abstimmung mit den übrigen Wohnungseigentümern bedürfen, und solche, die ohne jede Zustimmung von außen durchgeführt werden können.

◆ Zustimmungsrelevante Sanierungsmaßnahmen:
  ◆ Dämmung des Daches mit Aufsparrendämmung und neuer Dachhaut;
  ◆ Dämmung der Außenwand;
  ◆ Einbau neuer Fenster und Außentüren;
  ◆ Umstellung der Heizung;
  ◆ Regenwassernutzung.
◆ Ohne zwingende Zustimmung mögliche Sanierungs- und Modernisierungsmaßnahmen:

- Verbesserung der Wärmedämmung auf den Wand- und Deckeninnenseiten;
- Verbesserung des Schallschutzes rauminnenseitig;
- Einbau neuer Fenster als Verbundfenster oder Kastenfenster;
- Einbau neuer Fußbodenbeläge, ggf. mit neuem Estrichunterbau;
- Versetzen von Türöffnungen, Wanddurchbrüche (soweit Statik nicht betroffen);
- Erstellen neuer Raumtrennwände (z. B. Dielenvorraum).

- Ein Wanddurchbruch, verbesserter Schallschutz sowie neue Türen und Fenster können die Wohnung vollständig verändern und eine großartige neue Wohlfühlatmosphäre erzeugen (Ähnliche Wirkung kann eine veränderte, ergänzte oder umgestellte Wohnungseinrichtung und Möblierung natürlich auch haben).
- Innerhalb der Wohnung stellen Wärmedämmaßnahmen eine sehr effiziente Substanzverbesserung dar. Alle Altbauten, aber auch die Häuser, die bis Mitte der 70er Jahre errichtet wurden, weisen i. d. R. eine miserable Wärmedämmung auf.
- Die Schäden und Mängel, die durch schlechte Wärmedämmung am Haus und an der Wohnung eintreten können, wurden bereits beschrieben.

3.3 Modernisierungsmaßnahmen durch den Mieter

Jeder Wohnungsmieter hat das Recht, dem Vermieter bauliche Verbesserungen zur Wohnwerterhaltung der Wohnung vorzuschlagen. Den Initiativen des einzelnen oder der Hausgemeinschaft sind fast keine Grenzen gesetzt. Ein verantwortungsbewußter Vermieter wird allen Anregungen offen gegenüberstehen, denn durch sie wird ja der Mietwert der Immobilie erhalten bzw. gesteigert.

Verbesserungen der Wohnung helfen Betriebskosten sparen und können vom Mieter beispielsweise unter Hinzuziehung des Bausparvertrages durchgeführt werden. Dies ist abzusichern durch genaueste Absprachen mit dem Vermieter.

Neben allgemeinen Verschönerungsmaßnahmen bieten sich für Mieter an:

◆ *Energiesparmaßnahmen* an einfachverglasten, undichten Fenstern: Hier bewährt sich die Bespannung mit klaren Folien, die im Baustoffhandel erhältlich sind. Zum Schutz der Farbe ist Doppelklebeband zu verwenden. Die Folie schafft ein zusätzliches dämmendes Luftpolster zwischen Scheibe und Folie. In den Wintermonaten wird damit ein guter nachträglich eingebauter Wärmedämmeffekt erreicht. Noch wirksamer ist die Montage eines zweiten Fensterrahmens auf der Innenfensterseite. Diese Lösung ist dauerhafter, aber auch mehr als doppelt so teuer.

◆ Die *Abdichtung der Fensterspalten* ist nicht unbedingt empfehlenswert, da teilweise die Fensterfunktion eingeschränkt wird und Silikonabdichtungen Schadstoffe enthalten können, deren Ausdünstung befürchtet werden muß. Die einwandfreie Funktion des Fensters, also Öffnen des Flügels, wird wegen der sehr notwendigen Raumlüftung über die Fenster als wesentlich erachtet.

◆ *Umstellung der Heizung:* Unter der Voraussetzung, daß der Vermieter als Hauseigentümer nicht plant, das Heizsystem in den nächsten Jahren auf Zentralheizung, moderne Brennwerttechnik, Wärmetauscher usw. umzustellen, kann auch ein Mieter die Heizungsmodernisierung vornehmen. Als Etagenheizung bieten sich Gasthermen einschließlich Warmwasserbereitung an. Die Kosten betragen für eine 2–3-Zimmerwohnung jedoch ca. 20.000 DM. Durch diese Maßnahme wird eine Reduzierung des Energieverbrauchs und der laufenden Betriebskosten erzielt. Erdgas und Flüssiggas als Energieträger sind umweltfreundlich und haben einen sehr guten Wirkungsgrad.

◆ Innenseitige Außenwanddämmungen (*siehe hierzu Bauschäden*).

◆ Weitere Aktionsfelder für Mieter und Mietergemeinschaften ergeben sich durch Wohnumfeldverbesserungen: Die Neugestaltung einer Vorgartenzone, Hofflächenentsiegelung, ergänzende Begrünung der Freiflächen, Fassadenbegrünung und im Einzelfall sogar die nachträgliche Anbringung von Balkonen können den Wohnwert eines Hauses und die Zufriedenheit der Mieter enorm steigern.

3.4 Sanierungsmaßnahmen des Eigentümers

3.4.1 Innendämmung

Bei allen Innendämmungen ist jedoch im Vorfeld zu klären, wie sich der Wandaufbau nach dem Anbringen der Dämmung hinsichtlich Kondenswasserausfall und Taupunktverlagerung verhält. Bei der Wahl eines ungeeigneten Materials und nicht abgestimmter Dämmstärke riskiert man Schimmelschäden und im ungünstigsten Fall die Schädigung der Wandkonstruktion.

Expertentip:
Lassen Sie von einem versierten Fachmann eine Taupunktberechnung durchführen. Sie vermeiden böse Überraschungen, wenn Sie die Wahl des Dämmstoffes und der Aufbaustärke auf die physikalischen Erfordernisse der Wand ausrichten!

Ein Beispiel für häufige Fehler

Sie bringen eine 8 bis 10 cm starke Mineralwolldämmung innenseitig auf einer nur 18 cm starken Fachwerkaußenwand an, ohne Hinterlüftung zwischen Fachwerk und Dämmung. Der Taupunkt der (in jede Wand) einwirkenden Feuchtigkeit wandert auf die Fachwerkinnenseite, durchfeuchtet die Dämmung und zerstört binnen weniger Jahre das Balkenwerk.

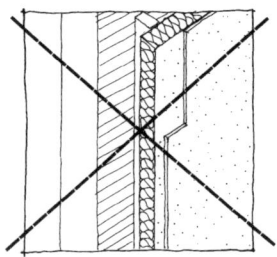

Hier bewirkt der falschverstandene Umweltschutz- und Energiespargedanke eine schleichende, aber unabwendbare Substanzgefährdung, die nur mit sehr hohem Aufwand saniert werden kann.

Verwenden Sie bei der nachträglichen Dämmung von schlecht isolierten Außenwänden atmungsfähige Baustoffe und sorgen Sie für eine funktionierende Hinterlüftung. Nehmen Sie einen etwas geringeren Wirkungsgrad der Dämmung in Kauf, sofern der Nachweis erbracht ist, daß der Taupunkt in der Fachwerkwand liegt. Bewährt haben sich:

Dämmung mit Holzwolle-Leichtbauplatten (z.B. der Firma Heraklith), mit dem Ziel, einen Mindestwärmeschutz der Wand zu erreichen

Auf die vorhandene, in der Regel verputzte Innenwand wird zunächst ein Lattengerüst geschraubt *(siehe Skizze 1 auf S. 89)*. Bei einer angenommenen Dämmstärke von 2,5 cm können Dachlatten im Format 28/48 mm gewählt werden. Ist ein stärkerer Dämmaufbau vorgesehen, wählt man die entsprechend stärkere Lattung. Die Lattung erfolgt in dem Abstand des Dämmplattenformats, um Verschnitt und zusätzlichen Arbeitsaufwand beim Zuschneiden zu vermeiden. Auf der neuen, ebenen Fläche wird eine Dampfbremse befestigt. Man tackert oder nagelt sie (am besten) mit Edelstahlklammern oder Nägeln auf das Lattengerüst. Hier ist auf eine sorgfältige Verarbeitung besonderer Wert zu legen. Verwenden Sie sogenannte PE-Folien aus Polyethylen oder aus Recyclingpapier (z.B. der Firma B.I.). Die nächste Schicht besteht bei diesem bewährten Beispiel aus einer Gipskarton- oder Gipsfaserplatte, die ebenfalls auf die Trägerlattung geschraubt wird. Anschließend folgt die Tapete, und fertig ist die wärmegedämmte Wand.

Dämmung mit Holzwolle-Leichtbauplatten und einer zusätzlichen Dämmlage, mit dem Ziel, einen wirkungsvolleren Wärmeschutz der Wand zu erreichen

Auf die vorhandene Innenwand wird ein Lattengerüst geschraubt, das der Stärke der vorgesehenen Dämmung entspricht, ca. 5 cm *(siehe Skizze 2 auf S. 89)*. Hier eignet sich die Dachlattenstärke 48/58 mm. Auf dieser Fläche wird die Dampfbremse befestigt. Als nächste Schicht folgt eine Holzwolle-Leichtbauplatte als Innenputzträger, etwa 35 mm stark. Auf die Platten wird – am besten von einem Fachbetrieb – der Innenputz als Kalk-Zement-Putz aufgebracht. Anschließend fehlt nur noch die Tapete bzw. der Anstrich oder beides.

Dämmung mit Zellulose-Schüttdämmung, z.B. der Firma Isofloc, Hessisch-Lichtenau

Auf die vorhandene, Innenwand, wird eine waagrechte Lattung aus Dachlatten und eine senkrechte weitere Lattung aufgeschraubt, entsprechend der vorgesehenen Dämmstärke (üblich sind mindestens 8 cm) *(siehe Skizze 3)*. Auf der Fläche wird die Dampfbremse befestigt. Jetzt kann das Dämmaterial eingeblasen werden. Beachten Sie die Verarbeitungshinweise und Vorschläge für das winddichte Verschließen der Dampfbremse. Als nächste Schicht folgen Gipskarton- bzw. Gipsfaserplatten oder auch eine Holzverkleidung.

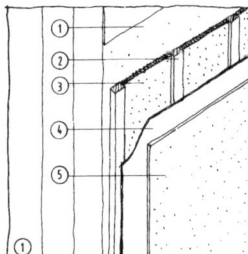 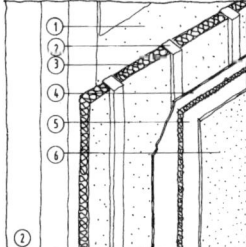 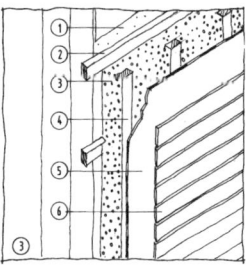

Dämmung mit Holzwolle-Leichtbauplatten
1. Aussenwand, 2. Grundlattung, 3. Holzwolle-Leichtbauplatten, 5. Innenputz

Dämmung mit Holzwolle-Leichtbauplatten und einer zusätzlichen Dämmlage
1. Aussenwand, 2. Grundlattung, 3. Holzwolle-Leichtbauplatten, 4. Dampfbremse, 5. Holzwolle-Leichtbauplatten als Inenputz, 6. Innenputz

Dämmung mit Zellulose
1. Aussenwand, 2. Lattung horizontal, 3. Dämmschüttung, 8cm, 4. Lattung vertikal, 5. Dampfbremse, 6. Holzverschalung, alternativ Gipskarton oder Gipsfaserplatten

3.4.2 Dachgeschoßausbau

Nicht selten wird heutzutage die Dachgeschoßwohnung eines Mehrfamilienwohnhauses am meisten geschätzt. Weist diese Wohnung einen Balkon oder auch eine Loggia oder auch nur einen Dachaustritt auf, findet sie schnell Anklang bei Mietern.

Wie sehr sich die Zeiten doch geändert haben! Früher galten Mansarden und Dachwohnungen als kalt, ungemütlich und beengt.

Heute erlauben die modernen Baumaterialien, angefangen von den Fenstern über Dämmung bis hin zu den Raumaufteilungen mit Leichtbauwänden, sehr großzügige Wohnungsgrundrisse. Bei allen alten Häusern sind meist sehr steile Dachneigungen vorhanden, so daß zusätzliche Flächenreserven bestehen.

Einer der ersten Schritte für den Dachgeschoßausbau ist die Überprüfung des Dachstuhles durch einen Architekten oder Zimmermann. Holz und Holzverbindungen müssen auf Schäden untersucht werden.

Ebenfalls im Vorfeld sind die baurechtlichen Bedingungen, insbesondere Brandschutz, Treppen- und Fluchtwege und Mindestraumhöhen zu klären. Beim Bauamt erfährt man auch, welche Art von Dachaufbauten genehmigungsfähig sind. Abhängig von der Fassadengestaltung und den Grundrißwünschen bieten sich kleine Schleppdach- oder Giebelgauben oder sogenannte Zwerchhäuser für Fensteröffnungen und zur Grundflächenvergrößerung an. Im Einzelfall ist auch gegen Dachflächenfenster nichts einzuwenden. Am leichtesten sind Belichtungs- und Besonnungsöffnungen in Giebelwänden einzubauen.

Im Entwurfsstadium sollten Lage und Zustand aller Versorgungsleitungen geprüft werden.

Neben der Wärmedämmung des Daches müssen Sie unbedingt auf eine sehr gute Belüftung und Hinterlüftung der Dämmung und auf eine sorgfältigst verarbeitete Dampfsperre – insbesondere in den Naßräumen (WC und Bad), aber auch in der Küche – achten.

Wird eine neue, abgeschlossene Wohnung erstellt, kommt der Trittschalldämmung eine große Bedeutung zu. Je nach vorhandenen Konstruktionsmerkmalen (manche Altbauten, häufig Fachwerkbauten, weisen sehr unebene Dachgeschoßdecken auf) sind wärmespeichernde Schüttbaustoffe als Ausgleichsmaterialien besonders geeignet.

3.4.3 Der Anbau eines Wintergartens

Glasanbauten und Wintergärten erfreuen sich seit Jahren großer und wohl noch wachsender Beliebtheit. Einerseits kann ein Wintergartenanbau die Zonierung und damit das Klimaverhalten eines

Hauses entscheidend verbessern, andererseits kann das Glashaus als Solar-Bauteil zur Energieeinsparung beitragen, zusätzlichen Wohnraum schaffen und somit die Wohnqualität enorm verbessern.

Leider gibt es mittlerweile viele Anbieter am Markt, die dem gutgläubigen Bauherrn einen Anlehn-Wintergarten oder ein Glashaus in fragwürdigen Abmessungen und Gestaltungen verkaufen. Obwohl auch diese Anbieter die oben genannten Argumente für einen Wintergarten anführen, kann es viel Ärger mit diesem geben. Unpassend ausgesuchte Profile, fehlende Querlüftungen, ungünstige Zuschnitte und Stellung zur Himmelsrichtung können die häufig sehr teuer erkaufte Freude schnell trüben.

Ein häufig anzutreffender Schwachpunkt ist die geringe Fenstersturzhöhe bei Anlehn-Wintergärten. Diese wird um so auffälliger und erweist sich als äußerst negativ, wenn Verschattungsanlagen angebracht werden. Die Sonnenschutzrollos oder Lamellenanlagen haben eine bestimmte Pakethöhe, die bei der Planung eines Wintergartens zu berücksichtigen ist.

Der ideale Standort für den Wintergarten richtet sich nach der Raumaufteilung des Hauses und nach der Himmelsrichtung. Ein Wintergarten nach Süden schafft im günstigen Fall nicht nur mehr Wohnraum, sondern bei ausreichender Verschattungsmöglichkeit und Belüftung durch die intensive Sonneneinstrahlung zusätzliche Energie zur Unterstützung der Raumheizung. Ein Eingang nach Osten oder Westen sollte bevorzugt eine Grundrißverbesserung bringen. Nach Norden kann ein Wintergarten zwar als „Klima-Puffer" wirken, hier gibt es aber oftmals am Einzelobjekt auch bessere Gestaltungs- und Ausbaumöglichkeiten. Ein Wintergarten im Norden des Hauses oder einer Wohnung stellt nach Meinung der Verfasser eher eine Energiefalle dar. Fragen Sie daher vor dem Kauf eines Wintergartens unbedingt einen Fachmann (Architekten) und vertrauen Sie nicht nur dem Verkäufer.

Es gibt zahlreiche Planungshilfen für Wintergärten zu kaufen – die Verfasser meinen aber, daß Sie besser zu einem Architekten gehen sollten.

Als bevorzugte Baumaterialien gelten Aluminium und Kunststoff. Die Kunststoffprofile sind bei ungenügender Detaillierung und bei sehr preiswerten Angeboten meist nicht so filigran und

schlank wie die Aluwerkstoffe. Bei Konstruktionen aus Holz ist auf
den konstruktiven Holzschutz ganz besonderer Wert zu legen.

3.4.4 Dachdämmung und Dachstuhl

Dachsanierung und Ausbau von Wohnräumen im Dach sind im
Zusammenhang zu sehen. Bei abgängigen Dacheindeckungen, die
eine nochmalige Reparatur nicht mehr lohnen, ist gleichzeitig der
Zustand der Dachkonstruktion zu prüfen. Nur bei sehr alten Fachwerkhäusern können in Einzelfällen Schäden an der Balkenkon-
struktion oder eine geschwächte Statik (weite Sparrenabstände) ermittelt werden. In Kapitel 3.2 wurde bereits hierauf eingegangen.

Gute Gründe für den nachträglichen Ausbau des Dachgeschosses sind die Flächenreserven bei steilen Dächern und eine sichere
Erreichbarkeit des Dachgeschosses über ein abgeschlossenes Treppenhaus. Soll eine bestehende Wohnung um Räume im Dachgeschoß erweitert werden, stellt die Bauaufsichtsbehörde hinsichtlich
der Treppenerschließung geringere Anforderungen.

Bei einer Dachsanierung einschließlich Auswechselung der
Dacheindeckung ist in Abhängigkeit von der Dachkonstruktion
zunächst die Entscheidung für ein Eindeckungsmaterial zu treffen.
Über die Material- und Formenvielfalt und ihre Einsatzfelder informiert Kapitel 4.

Ist die Dachkonstruktion schadensfrei und für den ausgewählten
Konstruktions- und Materialaufbau geeignet und die Wahl für eine
Tonziegeleindeckung gefallen (Tonziegeleindeckungen haben in
Deutschland einen Marktanteil von ca. 65 %), müssen Sie sich für
eine Auf-Sparren-Dämmung oder eine Zwischen-Sparren-Dämmung entscheiden. Bei der Auf-Sparren-Dämmung liegt das
Dämmaterial oberhalb der Sparren auf einer Schalung und muß
von außen befestigt werden. Bei der Zwischen-Sparren-Dämmung
wird der Dämmstoff zwischen den einzelnen Sparren rauminnenseitig geklemmt. Nur bei alten Häusern, mit Sparrenhöhen von 12
cm, kann eine Dämmung unter den Sparren als dritte Variante in
Erwägung gezogen werden. Dies ist auch angezeigt, wenn bei alten
Häusern die Dachschrägen mit Bims oder Schlackensteinen ganz
oder teilweise ausgemauert sind.

Auf-Sparren-Dämmung

◆ Gleichmäßige, gleichstarke und durchgehende Dämmung vermeidet Gefahr von Wärmebrücken;

◆ nur in Verbindung mit komplett neuer Dacheindeckung möglich;

◆ Trauf- und Ortgangdetails gestalterisch anspruchsvoll und aufwendiger;

◆ große Produktvielfalt bei Dämmstärken und Herstellern (siehe Kapitel 4);

◆ höhere Kosten als Zwischen-Dach-Dämmung;

◆ Einsparungen durch Selbsthilfe gering (lassen Sie nur ausgebildete Fachleute aufs Dach);

◆ gestalterisch anspruchsvoll, rauminnenseitig können Tragkonstruktion (Sparren und Pfetten) und die Dachschalung (gehobelte Bretter, Plattenwerkstoffe) sichtbar bleiben;

◆ neue Wärmeschutz-Verordnung.

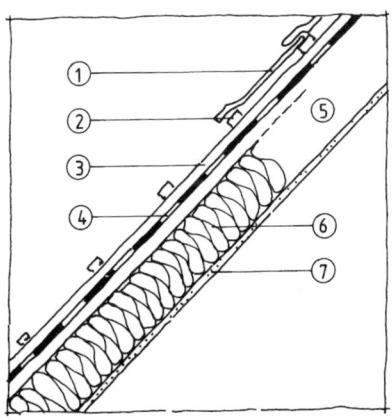 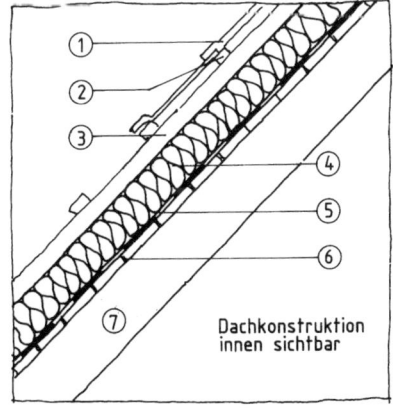

Zwischen-Sparren-Dämmung
1. Dachstein/Dachziegel 2. Traglattung 3/5 cm 3. Konterlattung 4/6 cm 4. Dampfsperre 5. Sparren 6. Wärmedämmschicht 7. Gipskartoninnenschale

Auf-Sparren-Dämmung
1. Dachstein/Dachziegel 2. Traglattung 3/5 cm 3. Konterlattung 4/6 cm 4. Wärmedämmschicht 100–140 mm 5. Dampfsperre 6. Dachschalung 7. Sparren

Zwischen-Sparren-Dämmung

◆ Sie ist bauphysikalisch anspruchsvoll wegen der Gefahr von Kondenswasserbildung.

◆ Bei Altbauten sind bei ungleichen Sparrenfeldern und nicht gerade geschnittenen Sparren plattenförmige Dämmstoffe nicht leicht zu verarbeiten; es besteht die Gefahr von Fugen, so daß Kältebrücken entstehen. Winddicht wird der Aufbau nur durch eine Folie.

◆ Die früher üblichen Sparrenstärken von 12 bis 16 cm reichen nach den gültigen und geplanten Wärmeschutzbestimmungen für Wohngebäude heute nicht aus.

◆ Das große Angebot unterschiedlicher Materialien ermöglicht wegen der Verarbeitung auf der Rauminnenseite Eigenleistungen und Selbsthilfe in großem Umfang und kann damit merklich zur Baukosteneinsparung beitragen.

Jeder Dachgeschoßausbau ist selbstverständlich mit Fachleuten zu planen. Die zu berücksichtigenden Punkte seien hier mit Stichworten, die Sie auch in den Checklisten finden, erwähnt.

Neben Auflagen der Bauaufsicht, was Grenzabstände, Brandschutz, Fluchtwege und Gestaltungsfestsetzungen im Rahmen von Ortsbausatzungen und Bebauungsplanfestlegungen angeht, sind die Anforderungen der Bauherrschaft von Bedeutung. Sollen ökologisch unbedenkliche Baustoffe eingesetzt werden, oder sind Maßnahmen zur Energieeinsparung oder Energieerzeugung vorgesehen (Solaranlagen), können Förderprogramme die Finanzierung erleichtern.

Mindestens die Hälfte des Wohnraums in der Dachschrägen muß nach den Festsetzungen der Landesbauordnungen eine lichte Raumhöhe von 2,30 m aufweisen.

Bei der Heizungs- und Warmwasserinstallation bietet sich in der Regel die Erweiterung der bestehenden Leitungen in das Dachgeschoß an. Für eine unabhängige Versorgung bietet der Markt eine große Anzahl leistungsfähiger Etagenheizungen an, z. B. sogenannte Gasthermen mit Durchlauferhitzer oder separatem Speicher.

Auf die Notwendigkeit von Trittschallverbesserungen wurde bereits oben eingegangen. Insbesondere bei alten Holzdecken, die sehr uneben sein können und im Zweifelsfall über ungenügende Füllungen zwischen den Balken verfügen, ist der Fußbodenaufbau in seinen vielfältig möglichen Varianten besonders sorgfältig zu planen. Hochwertige Teppichböden sind ebenso wie Kork- und

Kautschukbeläge gut geeignet, Trittschall zu minimieren, wenn keine anderen baulichen Maßnahmen ergriffen werden können.

Dachgauben und Dachaufbauten verbessern die Belichtung und Besonnung der Dachgeschoßwohnflächen. Die Wahl der Dachgaube ist entwurfsbedingt zu sehen. Nicht jede Gaubenform paßt für jedes Haus. Abschreckendes Beispiel ist die Schwalbenschwanzgaube mit geschwungenen Seitenteilen auf einem Fachwerkhaus. Unterlassen Sie solche Stilsünden. Häufig wünschen Bauherrn, daß die nutzbare Wohnfläche so groß wird, daß Gauben bis jeweils an die Giebelwände reichen. Auch dies sollten Sie auf jeden Fall vermeiden, denn der Gesamteindruck leidet unter unproportionierten Gauben und Aufbauten, die die Dachflächen dominieren.

Flachdächer

Flachdächer sind in diesem Kapitel auch kurz zu erwähnen, obwohl hierzu eigentlich ein gesondertes Kapitel notwendig wäre. Die Zeit der umfassenden Ablehnung von Flachdächern ist mittlerweile vorbei. Bei richtiger und sorgfältiger Schadensanalyse und Beratung eines Sanierungskonzeptes mit Architekten und Fachfirmen läßt sich jedes Flachdachproblem lösen, ohne daß ein geneigtes Dach darübergestülpt werden muß.

Flachdächer kommen an alten Häusern vereinzelt als Anbauten aus früherer Zeit, als Vordächer und Windfanganlagen, als Terrassen- und Sommerhausüberdachungen oder als Garagen vor.

Man unterscheidet Warmdächer und Kaltdächer. Beim Warmdach liegt die Dämmebene unterhalb der Dachdichtung; beim Kaltdach, häufig zweischalig ausgeführt, ist die Dämmebene oberhalb der Dichtungsbahnen angeordnet. In der Vergangenheit waren häufig Kondensatprobleme bei Warmdächern Ursache für Schäden. Weitere Schwachstellen waren und sind manchmal heute noch die Durchführungen von Wänden, Abläufen, Lichtkuppeln und Entlüftungsrohren. Beschädigungen der Dichtungshaut an Terrassentüren, Balkongeländern und Aufbauten stellen weitere Schwachstellen dar. Auch diese Schwachstellen sind heute zu beheben – fragen Sie unbedingt einen Fachmann.

Die neuere Architektur zeigt, daß Flachdächer ihre Bedeutung haben und zu dafür geplanten Gebäuden auch gut passen.

3.4.5 Außenwände und Fassaden

Es sind nicht nur funktionale Anforderungen, die an Außenwände und Fassaden zu stellen sind. Die Fassade ist die Haut des Hauses, die beschützende Hülle, das Kleid. Über die Fassade teilt sich das Haus seinem Umfeld mit. Die Fassade spiegelt dabei gleichzeitig Eigenheiten seiner Bewohner wider. Nicht an jede Außenwand passen alle verfügbaren Fassadenverkleidungsmaterialien. Kunststoffpaneele Typ „Red Zeder" haben an Fachwerkanbauten nichts zu suchen.

Glücklicherweise werden zunehmend mehr Häuser behutsam und vorbildlich erneuert. Die Zeiten unmaßstäblicher und rücksichtsloser Veränderungen an handwerklich vorbildlichen Außenwänden und Fassaden (z.B. große ungeteilte Kunststoffenster in alten Fachwerkfassaden) sind vorbei.

Überlegen Sie bei Fassaden- und Außenwandaufbauten vor der Instandsetzung oder Modernisierung anhand der Checklisten auf, welche Gründe Sie für die Veränderungen haben und was Sie sich davon versprechen.

◆ Schauen Sie sich vergleichbare Häuser an, in Ihrer Straße, in anderen Stadtteilen und Orten, „erlaufen" Sie sich Beispiele für Ihrer Meinung nach gelungene Sanierungen, und sprechen Sie mit den Hausbesitzern über ihre Erfahrungen.

◆ Machen Sie Fotos, damit Sie Ihrem Architekten und den Handwerkern Ihre Wünsche und Erwartungen genau erläutern können. Im Gespräch mit guten Fachleuten wird dann schnell klar, ob Sie den richtigen Riecher und das passende Gefühl für den Wandaufbau hatten oder ob Sie vielleicht einem Eindruck oder einem Material erlegen sind, das nicht zu Ihrem Gebäude paßt.

◆ Manchmal sprechen auch baukonstruktionsbedingte Gründe gegen eine bestimmte Bauweise.

Beispiel

Die Außenwand Ihres Hauses steht genau auf der Grundstücksgrenze, Sie planen aber eine Außenwärmedämmung und Holzverschalung, ein „Paket" mit mindestens 14 cm Aufbau. Dies ist unzulässig, Ihr Nachbar braucht Sie keinesfalls gewähren zu lassen.

Mit dem Ziel, fachgerecht und „optisch einwandfrei" sanieren zu wollen, liebäugeln viele Bauherren bei Fachwerksanierungen immer noch gern mit dem sogenannten Blendfachwerk oder vorgesetzten Fachwerk. Anbauten oder Veränderungen aus zurückliegenden Jahren sollen der echten Fachwerkfassade angeglichen werden. Das Verfahren ist aufwendig und nur dauerhaft, wenn äußerst sorgfältig gearbeitet wird und die Bohlen, die das Fachwerk darstellen sollen, von sehr guter Holzqualität sind. Das Holz muß außerdem sehr gut trocken sein und bei Eichenbohlen am besten aus alten Balken geschnitten werden.

> **Expertentip:**
> Hände weg von Fachwerkaufdoppelungen. Für alle Fachwerkfassaden und alle Situationen gibt es Alternativen. Vorgeblendetes Fachwerk ist Blendwerk. Das Verfahren ist teuer, nicht langlebig; es kann zu Schädigungen der dahinterliegenden Wand kommen.

Mauerwerksbauten

Gebrannte Ziegelsteine oder Natursteine sind die Baustoffe alter Mauerwerksbauten. Sie wurden früher in Sichtmauerwerk oder mit einem Außenputz ausgeführt. In der Regel wurde hierzu Kalkmörtel verwendet.

Schäden an Mauerwerksbauten betreffen vorwiegend den Außenputz, den Putz im Sockelbereich oder auf der Wandinnenseite (Stockflecken, Schimmelbildung). Häufige Schadensbilder sind daneben verwitterte Mörtelfugen und Risse im Mauerwerk. Verantwortlich für diese Schäden ist die Feuchtigkeit, die als Regen und Schlagwetter, als Bodenfeuchtigkeit und als Luftfeuchtigkeit auf die Wände trifft.

Die Schäden, die durch die natürliche Beanspruchung der Außenwände durch Feuchtigkeit entstehen, müssen nicht immer gravierend und teuer sein. Solide gebaute Massivhäuser weisen in der Regel einen geringen Instandhaltungsaufwand aus.

Wurden in der Vergangenheit kleinere Putzabplatzungen regelmäßig repariert und ist eine zweischalige Außenwand vorhanden, ist das Objekt in der Unterhaltung vergleichsweise günstig.

Sind bei einem Sichtmauerwerk (z. B. Klinkerfassade) die Mörtelfugen ausgewaschen, so daß die Standfertigkeiten der Steinschichten beeinträchtigt sind, kann man die Fassade mit Trasskalkmörtel neu verfugen. Voraussetzung ist das Auskratzen der losen Mörtelfugen bis etwa 2–3 cm Tiefe und die Beachtung der Verarbeitungsvorschriften.

> **Expertentip:**
> Verwenden Sie keinen Zementmörtel oder Fertigmörtel mit Zementzusätzen. Alle Zementmörtelmischungen sind zu spröde. Der Zement wird im Gegensatz zu seinem Untergrund zu fest; es kommt bald zu Abplatzungen und Rissen.

Auch bei Mauerwerksbauten und Klinkerfassaden gilt es, Niederschläge von der Fassade abzuhalten bzw. sicherzustellen, daß Regen direkt abläuft und nicht an Vorsprüngen, Fenstern oder angebauten Balkonen in das Mauerwerk eindringen kann. Auch hier kann es sinnvoll sein, hohe, der Hauptwetterseite ausgesetzte Fassaden zusätzlich durch Fassadenverkleidung (dann in Verbindung mit verbesserter Wärmedämmung) zu schützen.

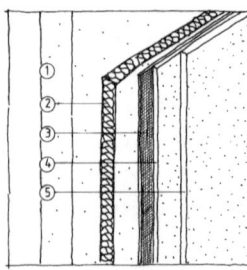 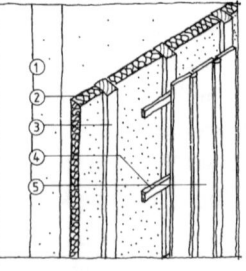 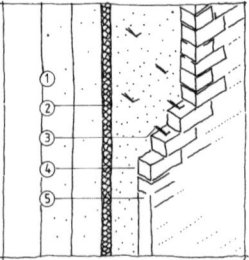

Beispiel Wärmedampf-fassade
1. Außenwand 2. Wärmedämmschicht 60–100 mm 3. Glasfasergewebe, in Unterputz eingebunden 4. Unterputz 5. Oberputz, Stärke bis ca. 1,5 cm

Beispiel Wärmedämmung mit Holzschalung
1. Außenwand 2. Wärmedämmschicht 40–140 mm 3. Grundlattung, Abmessung entsprechend Dämmstärke 4. Traglattung 3/5 cm 5. Schalung

Beispiel Wärmedämmung mit Verklinkerung
1. Außenwand 2. Wärmedämmschicht 40–140 mm 3. Anker für Vormauerschale

Fachwerkaußenwände

Fachwerkhäuser stehen meist im Ensemble, sind also als ganzes Denkmal geschützt. Regelmäßige Bauunterhaltung vorausgesetzt, bieten sie ihren Bewohnern ein gemütliches und angenehmes Zuhause. Die Identifikation mit dem Haus ist häufig sehr groß, notwendige Ausbesserungsarbeiten an den Fassaden werden mit großer Sensibilität ausgeführt. Fachwerk braucht regelmäßige Pflege. Anstriche des Balkenwerks und der Gefache sowie der Fenster mit seinen Bekleidungen und Regenabdeckungen sind nach etwa zehn bis 15 Jahren erneuerungsbedürftig.

Voraussetzung für die Haltbarkeit ist einerseits eine fachgerechte Ausführung der Malerarbeiten und der konstruktive Holzschutz. Regenwasser und insbesondere Schlagregen, der auf die Fassade trifft, muß nach außen abgeführt werden. Es sollten keine offenen Hirnhölzer vorhanden sein.

Ein Schwachpunkt von Fachwerkfassaden ist der hohe Fugenanteil. Mauerwerksanschlüsse, die Pfosten-, Riegel- und Pfetten-Verbindungen sowie die verschiedenen Öffnungen bedingen einen hohen Fugenanteil, der nicht immer und dauerhaft dicht zu halten ist.

Oberstes Gebot für Fachwerkbauten stellt der konstruktive Holzschutz dar. Der Dachüberstand (bei Fachwerkhäusern sind vielerorts Auslegersparren und entsprechend große Dachüberstände mit mehr als 40 cm unüblich) schützt die oberen Holzanschlüsse einer Fassade.

Fenster sollten obere Wetterbretter, am besten mit Kupfer- oder Zinkblech abgedeckt, und ausreichende Wetterschenkel erhalten. Der Übergang der Fußschwelle um Sockelmauerwerk muß so ausgeführt sein, daß Niederschlagswasser nicht unter die Schwellen laufen kann. Steht der Mauersockel vor, ist er abzuschrägen. Entweder verwendet man hierzu Hammer und Meißel oder einen leistungsstarken Bohrhammer oder Kompressor (bei Natursteinmauerwerk) bzw. eine Schleifhexe mit großem Blattdurchmesser.

Um den Schutz der Außenwand vor Feuchtigkeit und eine gute Wärmedämmung – möglichst außen – zu erreichen, ist auch die Fassadenverkleidung von Fachwerkbauten gerechtfertigt. Zumindest bei Wetterfassaden (häufig Westen) oder Giebeln lohnt die

Überlegung, eine Verkleidung aus Holz, Naturschiefer oder Tonziegeln anzubringen. Sprechen Sie mit Ihrem Bauamt und der Denkmalpflege. Dabei sind Ablehnungen seltener, als man denkt.

3.4.6 Installationen und Heizung

Haustechnik

Mit der Haustechnik befaßt man sich als Bauherr, Mieter und Eigentümer in der Regel nur, wenn die Nebenkostenabrechnungen vor einem liegen, aus der Dusche nur kaltes Wasser kommt oder die Frage brisant wird, wer die Heizung am Wochenende repariert.

Dabei werden knapp 60 % der von Haushalten in Deutschland verbrauchten Energie zum Heizen und zur Warmwasserbereitung verwendet. Für sparwillige und umweltbewußte Verbraucher sei deutlich gesagt: Simpelste und preiswerteste Form der Energieeinsparung ist die Drosselung der Raumtemperaturen und die Reduzierung des Wasserverbrauchs. Warum fühlen wir uns eigentlich nur noch bei Raumtemperaturen von über 24°C wohl? Versuchen Sie es einmal mit 20 oder 22°. Die Ersparnis für eine 90 m^2 Wohnung beträgt innerhalb eines Jahres mehr als 15 % oder etwa 150 DM. Dazu kommt, daß überheizte Wohnräume ungesünder sind.

Heizungsmodernisierungen

Bei Heizungsmodernisierungen, Austausch des Brenners oder des Kessels treten heute in fast allen Fällen bedarfsgerecht zu steuernde Anlagen mit Außentemperatur- und Wohnraumfühlern in Verbindung mit Zeitsteuerungen und Absenkungsautomatik an die Stelle der alten Elektronik. Diese Neuerungen erweisen sich als geeignete Energiesparer: Anschaffungskosten von etwa 3.000 DM stehen Einsparpotentiale von etwa 300 DM und mehr bei 90 m^2 Wohnfläche pro Jahr gegenüber.

Expertentip:
Schließen Sie einen Wartungsvertrag mit dem Installateur Ihres Vertrauens ab. Vergleichen Sie jedoch vorher, was dieser pro Jahr kostet, prüfen Sie, welche Arbeiten zum turnusmäßigen Kontrollvorgang der Anlage gehören und welche Reparaturen evtl. zusätzlich bezahlt werden müssen. Vergessen Sie nicht, die Rechnungsstellung und den Vertrag zu überprüfen.

Obwohl der Primärenergieverbrauch (Gas, Öl, Kohle) immer noch eine bedeutende Rolle bei der Heizungsform spielt, nehmen erneuerbare Energieformen bei den Hausheizungen doch stetig zu.

Expertentip:
Beratungsfirmen und beratende Ingenieure (Gelbe Seiten, Bauamt, Gemeinde) ermitteln anhand ausgefeilter EDV-Programme den Wärmeverbrauch Ihres Hauses, zeigen Schwachpunkte auf, erstellen einen Wärmepaß und geben Empfehlungen für die Heizungsmodernisierung. Verlassen Sie sich keinesfalls nur auf ein Angebot Ihres Installateurs. Dazu ist die Thematik heute zu komplex.

Wärmepaß

Der Wärmepaß ist bei neuen Gebäuden seit Inkrafttreten der neuen Wärmeschutzverordnung am 1.1.1995 geltende Vorschrift. Der Aufsteller des Wärmepasses (ausführende Firma, Fachingenieur, Architekt) errechnet die Wärmeschutzdaten der Bauteile und ermittelt den Wärmebedarf für jeden Raum und für das ganze Haus oder die Wohnung.

Einsatzfelder für alternative Energien und umweltbewußte, neue Techniken sind in den letzten Jahren immer weiter erforscht und erprobt worden. Die Alltagstauglichkeit ist erwiesen und sichergestellt. Viele Bundesländer, Städte und Gemeinden bieten Investitionszuschüsse und Fördermittel an.

Expertentip:
Fragen Sie die Mitarbeiter des Bauamtes, die dort als Umweltingenieure tätig sind. Sie werden Ihnen ausführliche Informationen geben und dazu raten, alternative Energien nicht als „Allheilmittel" oder zur Beruhigung Ihres Umweltbewußtseins einzusetzen. Auf den richtigen Verwendungszweck und die wirtschaftliche Anlagenkombination kommt es heute an.

Solarkollektoren

In fast allen Lagen und Gegenden unseres Landes können Solarkollektoren kostenlose Sonnenenergie für die Hausheizung und Warmwasserversorgung liefern.

Die Montage findet überwiegend auf nach Süden oder Südwesten orientierten, geneigten Dächern statt. Es ist zu beachten, daß die Bauaufsicht der Errichtung zustimmen muß.

Moderne Warmwasser-Solaranlagen, das bevorzugte und empfohlene Einsatzgebiet dieser Anlagen, kosten etwa ab 10.000 DM und decken den Warmwasserbedarf einer vierköpfigen Familie im Sommer vollständig, im Winter etwa zwischen 10 bis 30 % ab.

Die Kollektorbauteile sind heute soweit entwickelt, daß ein guter bis sehr guter Wirkungsgrad gegeben ist. Längst sind Solarkollektoren-Anlagen aus der Experimentierphase heraus. Es gibt Selbstbausätze, die sich auch zur Nachrüstung bestehender Zentralheizungen eignen. Am Markt sind Anlagen, bei denen Brennwerttechnik mit Solaranlagen kombiniert sind, so daß je nach Wetterlage eine ge- oder entkoppelte Heizungs-/Warmwasserversorgung möglich ist.

Wärmepumpen

Der Einsatz von Wärmepumpen sollte ebenfalls nur dort erwogen und durchgerechnet werden, wo es um die Warmwasserbereitung geht und Niedrigtemperatur-Heizsysteme mit niedrigen Leistungsanforderungen vorhanden sind. Wärmepumpen wandeln über einen Tauscher Restwärme in der Außenluft in Heizwärme um. Ein günstiger Nutzungsgrad ergibt sich beispielsweise in warmen Lagen und dicht bebauten Siedlungen in Verbindung mit Fußbodenheizungen.

Wärmepumpen sind aber mehr als doppelt so teuer wie konventionelle Heizsysteme. Als Ergänzung zur normalen Heizung können sie bewirken, daß in den warmen Monaten, in denen die Heizungsanlage nur wegen der Warmwasseraufbereitung laufen würde, diese dann ganz abgestellt werden kann. Im Winter entlasten sie die Heizung. Lassen Sie sich eine Energieberechnung aufstellen.

Photovoltaik

Die Solarzellentechnik bezeichnet man als Photovoltaik. Mit Solarzellen auf dem Dach hat man ein kleines privates Kraftwerk. Solarzellen wandeln Sonnenlicht mittels Aufdampftechnik von Siliziumzellen in Gleichstrom um. Dieser wird dann in Wechselstrom transformiert. Noch ist Solarstrom viel teurer als Strom aus dem Netz. Da jedoch in den letzten Jahren die Herstellungstechnik ständig verbessert wurde und die Nachfrage nach Solarzellen stark gestiegen ist, sinken die Preise. Es ist wenig umweltfreundlich, den Solarstrom in Batterien zu speichern. Günstiger ist ein Netzverbundsystem: Steht zu wenig Solarstrom zur Verfügung (an ganz trüben Tagen), erhält man Strom aus dem Netz; erzeugt die Solaranlage Überschüsse, wird Strom in das öffentliche Netz eingespeist. In einigen Bundesländern fördert man die Technik und ihre Verbreitung, indem ein bezuschußter Preis für die eingespeisten Mengen bezahlt wird. Erkundigen Sie sich auch bei Ihrer Kommunalverwaltung nach möglichen Förderungen bei der Anschaffung.

Gut bewährt haben sich Photovoltaik-Anlagen bei abgelegenen Gebäuden (Ferienhäusern, Freizeiteinrichtungen), die keinen Netzanschluß aufweisen.

Kontrollierte Be- und Entlüftung

Die kontrollierte Be- und Entlüftung zählt zu den effektivsten Energiesparansätzen und hat einen hohen Stellenwert nicht zuletzt dadurch, daß die sehr dichten Bauteile eines Hauses jedes falsche Lüftungsverhalten der Bewohner mit Kondenswasserschäden und Schimmelbefall an kalten Außenecken oder im Sockelbereich bestrafen.

Elektrische Be- und Entlüftungsanlagen sowie Ventilatoren in Verbindung mit Wärmerückgewinnung sind für Einfamilienwohnhäuser allerdings noch lange nicht wirtschaftlich zu betreiben. Viel sinnvoller und wirtschaftlicher ist die Änderung des gewohnten Lüftungsverhaltens.

Niedertemperaturkessel

Niedertemperaturkessel zählen mittlerweile bei Neubauten oder der Kompletterneuerung von alten Anlagen zum Standard. Bei Niedertemperaturkesseln ist die Wassertemperatur nicht höher als in den Heizkreisläufen. Nach der Heizungsanlagenverordnung darf sie auf nicht mehr als 55° C eingestellt und muß auf mindestens 40°C absenkbar sein (maximale Wassertemperatur 75°C).

Brennwerttechnik

Brennwertkessel haben eine ca. 10 % höhere Energieausbeute (Wirkungsgrad) als Niedertemperaturkessel. Die bei der Verbrennung entstehenden Abgase werden beim Brennwertkessel an einem Wärmetauscher entlanggeleitet und z.T. kondensiert. Der Wärmetauscher sitzt in dem Heizwasserkreislauf.

Das bei Brennwerttechnik auftretende Kondensat muß bei Ölbetrieb in jedem Fall und bei Gas ab 25 KW Leistung neutralisiert werden, bevor es in die Kanalisation geleitet werden darf.

3.4.7 Erdberührte Bauteile – Fundamente, Keller

Die Bedeutung von Bauteilen im Erdreich wird gern unterschätzt. Bauunternehmer verhalten sich hier nicht anders als gestreßte Bauherren, die meinen, im und um das Erdreich des Hauses könnte und sollte man Geld sparen.

Die ehemals gängige und sehr verbreitete Meinung, im Erdreich ist der Keller, und da liegen die Kartoffeln, sollte der Vergangenheit angehören. Räume im Keller sind längst mehr als Vorratsräume. Hobbyaktivitäten beanspruchen Flächen, teure Freizeitgeräte müssen untergebracht werden, wir wünschen uns Sauna und Solarium.

Zunächst sind da die Fundamente und die Kelleraußenwände sowie die Bodenplatte. Mängel an diesen Bauteilen können die darüberliegenden Geschosse und deren Haltbarkeit beeinträchtigen.

Gefahren durch schlechte Fundamente

In den meisten Fällen ist es *Feuchtigkeit,* die indirekt oder direkt auf und durch die Bauteile trifft und zu den allseits bekannten Schäden führt. Schäden können auch von geschwächten, unterspülten oder abgegrabenen Fundamenten ausgehen und zu Setzungen und – damit verbunden – Mauerwerksrissen an Gebäuden führen.

Expertentip:
Sie müssen wissen, daß erst seit gut 100 Jahren Feuchtigkeitsisolierungen, Filterschichten und Drainleitungen zum Schutz von Grundmauern und Kellern verwendet werden. Also achten Sie auf eine evtl. Feuchtigkeitsbildung im Keller. Ältere Häuser sollten daher ganz besonders gut auf mögliche Schäden untersucht werden.

Gerade bei Raumreserven in Kellergeschossen ist die Überprüfung der Ausbau- und Nutzungswünsche von entscheidender Wichtigkeit. Gern werden die Anforderungen bei einer Altbau-Kellersanierung unterschätzt. Verfahren zur nachträglichen Einbringung von Sperrschichten sind kompliziert und teuer. Wärmedämmung und isolierende Schichten wandinnenseitig garantieren bei feuchtigkeitsbelasteten, alten, erdberührenden Kellerwänden nicht immer dauerhaften Erfolg. Kommt noch hinzu, daß die lichte Raumhöhe zu gering ist (ca. 2,00 m) und wird die Tieferlegung der Sohle empfohlen oder gewünscht, um einen Hobby-, Party- oder sogar Wohnraum im Keller zu bekommen, sollten Sie die Entscheidung sehr genau bedenken und die Kosten so exakt wie möglich ermitteln lassen.

Expertentip:
Nutzen Sie im Zweifelsfall aus Kostengründen Raumressourcen im Dachgeschoß, und lassen Sie die Kellerräume so, wie sie sind.

Bei Vorratsräumen ist es nicht schädlich, wenn sich auf altem Natursteinmauerwerk z.B. Ausblühungen und Salze zeigen oder eine nicht verputzte Wand in Übergangszeiten einmal schwitzt. Der Nutzung als Hausanschluß- oder Technikraum, Öllager bzw. Raum zur Aufstellung eines Regenwassertanks steht das nicht entgegen, wohl aber einer Nutzung als Wohnraum im weitesten Sinne.

Planen Sie trotzdem Änderungen an tragenden oder aussteifenden, Bauteilen im Kellergeschoß, dann ist eine Baugenehmigung notwendig.

Fundamente und Keller

Arbeiten an Fundamenten und Fundamentmauerwerk sollten ausschließlich über Fachfirmen erfolgen. Ob Risse im Mauerwerk Setzungen andeuten, die andauern, läßt sich bei Steinwänden mittels Putzmarken (Gipsplacken) herausfinden.

In der Regel sind Setzungen bei Altgebäuden längst abgeschlossen, und Risse können an den Oberflächen überbrückt, überspachtelt und beseitigt werden.

Keller- und Sockelmauerwerk

Früher bestanden die Grundmauern eines Hauses aus Natur- oder Feldsteinen, regional auch aus Ziegelsteinen mit Kalkvermörtelung. Da Feuchtigkeitssperren noch nicht genutzt wurden, erfolgte der Austausch oder die Ableitung durch Verdunstung in den Sockelbereich oder durch Abgabe in den Kellerraum bzw. in angrenzende Räume. Den typischen Kellernutzungen schadete dies nicht.

Liegt die erste Wohngeschoßebene deutlich über dem mit Erdfeuchte belasteten Kellerbereich, sind die Nutzungen des Kellers entsprechend einzurichten. Ist der Feuchtigkeitsanfall nicht übermäßig, sind substanzgefährdende Schädigungen nicht zu befürchten.

Ist aber ein spürbar ungesundes Raumklima vorhanden, ein schimmelpilzförderndes Milieu gegeben und nur geringer Luftaustausch möglich und werden Abplatzungen und Zerstörungen am Mauerwerk beobachtet, ist eine Sanierung durch ein Fachunternehmen unabdingbar.

Beachten Sie, daß extrem feuchte Wände Pilzsporen begünstigen, Allergieerkrankungen fördern und hervorrufen können und Energieverluste während der Heizperiode bedeuten, denn feuchte Bauteile vermindern ihre wärmedämmende Wirkung.

Sanierungsverfahren

Eine einfache Maßnahme, geringe Feuchteschäden an Kellerwänden zu sanieren, ist die vollständige Beseitigung des schadhaften Altputzes durch Abschlagen und Abbürsten. Anschließend müssen die Fugen des Mauerwerks ca. 2 bis 3 cm ausgekratzt werden. Danach wird ein Traßkalkmörtel oder ein Sanierputz aufgebracht. Zur Oberflächenbehandlung eignen sich rein mineralische Anstriche auf Silikat-, Kalk- und Zementbasis.

> **Expertentip:**
> Bevor Sie eine sehr aufwendige und kostenintensive Grundmauersanierung vornehmen, kann Ihnen diese Maßnahme einen Zeitgewinn bringen.

Dazu zählt natürlich auch, vermeidbare Feuchtigkeit, ausgehend vielleicht von undichten Dachrinnen, Fallrohren, Dachüberständen usw. vom Gebäude fernzuhalten, und Feuchtigkeit, die über befestigte Flächen mit Gefälle zum Haus gelangt, anders abzuleiten.

Wenn Sie sich nach Ergreifen dieser Maßnahmen mit geringen optischen Mängeln arrangieren und salzartige Ausblühungen immer mal wieder abbürsten und es auch nicht versäumen, diese Kellerräume regelmäßig das ganze Jahr über zu lüften, werden die Schadensbilder bestimmt geringer, und eine gründliche Sanierung kann auf einen späteren Zeitpunkt verschoben werden.

Ist eine Trockenlegung erdberührter Wandflächen unvermeidbar, sollten Sie gemeinsam mit Fachleuten die verschiedenen Sanierungsarten erörtern. Senkrechte Sperrschichten bestehen aus mehreren Lagen und werden außen aufgebracht. Unter dem Sperraufbau kann eine Drainage im Kiesbett verlegt werden. Bei waagrechten Sperrschichten unterscheidet man das Maueraustauschverfahren und das Mauersägeverfahren. Spezielle Firmen bieten auch Feuchtigkeitssperren durch in Lagerfugen gepreßte Chromstahl-Bleche oder die Trockenlegung mittels des Injektionsverfahrens an.

Auch hier sollten Sie unbedingt einen Fachmann, d.h. einen erfahrenen Architekten, vor Vertragsabschluß zu Rate ziehen.

Gewölbekeller

Wenn Ihr Haus auf einen *Gewölbekeller* gegründet ist, dürfen Sie keinesfalls ohne Fachberatung und Hinzuziehung eines Architekten oder Statikers eine Sanierung gegen Feuchtigkeit durchführen. Ein Kellergewölbe weist statische Besonderheiten auf. Es werden Druckkräfte wirksam, die auch das Erdreich außerhalb des Mauerwerks in das statische System einbeziehen.

Böden und Decken

Der Ausdruck *Böden* bezeichnet bei *nicht unterkellerten Häusern* die Bodenplatte des Hauses, d. h. den Boden als trennendes Bauteil zwischen dem ersten Geschoß und dem Erdreich.

Bei sehr alten Fachwerkbauten und bei Anbauten an sehr alte Gebäude ist es eine der unliebsamsten Überraschungen, wenn man feststellen muß, daß der Bodenaufbau zerstört ist oder Teile des Hauses nicht unterkellert sind.

Ursache für Schäden sind bei Holzbalkenlagen immer Fäulnis durch eindringende Feuchtigkeit und damit verbunden häufig verrottete Balkenköpfe und angemoderte Balken im Bereich der Außenwand.

Wenn der Fußboden anfängt, unter Ihren Füßen bedenklich zu wanken, ist es Zeit, die Bodenbalkenlage zu überprüfen. Bei geringen Nutzungsansprüchen an den Raum reicht es vielleicht aus, die Fläche partiell zu öffnen und, je nach Befund, den Schaden zu reparieren.

Sind die Fußbodenschäden Anlaß für eine umfassende Änderung des Raumes oder mehrerer Räume, muß eventuell die gesamte Konstruktion heraus. Heute gibt es so gut wie keine Gründe mehr, bei nichtunterkellerten Räumen neue Holzbalkenlagen mit entsprechendem Fußbodenaufbau zu wählen. In Abstimmung mit der Bauaufsicht sollten Sie eine Massivdecke wählen, die sich nach den Regeln der Baukunst einwandfrei gegen aufsteigende Feuchtigkeit isolieren läßt.

Planen Sie Änderungen an tragenden oder aussteifenden Bauteilen im Kellergeschoß, so geht das nicht ohne Baugenehmigung.

Expertentip:
Überprüfen Sie selbst zusammen mit und auch ohne Ihre Handwerker, ob die geplante Fußbodenhöhe, die der Fachmann als Oberkante Fertigfußboden bezeichnet, passen wird. Legen Sie die Verantwortung exakt fest. Sie muß den ausführenden Betrieb treffen. Dieser muß verantwortlich sein, daß nach Einbringen aller Schichten – Kiesfilterschicht, Rohbetondecke, Abklebung (Isolierung), Wärmedämmung, Estrich, Belag – die Höhe des Fußbodens der der benachbarten Räume genau entspricht.

Decken

Die am häufigsten vorzufindende Deckenkonstruktion ist die Holzbalkendecke mit Brettereinschub.

Bei sehr alten Häusern wird noch der sogenannte Windelboden vorgefunden. Anstelle des Brettereinschubs zwischen den Balken füllten mit Strohlehm umwickelte Staken die Zwischenräume. Das gesamte Deckenpaket bestand dann oberhalb der Balken aus Dielenbelägen, und unterseitig wurden die Untersichten mittels Putzträgern aus Latten und Rohrgeflecht verputzt.

> **Expertentip:**
> Lassen Sie sich vor dem Kauf oder der Sanierung eines Objekts die Statik der Deckenkonstruktionen von einem Fachmann erläutern, schildern Sie diesem Ihre Veränderungs- und Nutzungswünsche und beraten Sie gemeinsam, was die Decke aushält und ob Eingriffe notwendig sind.

Vor dem Hauskauf

Bei der Hausbesichtigung ist es im *Kellergeschoß* in den meisten Fällen dunkel und stickig. Es gibt viele Gründe, daß die Besichtigung des Kellers nicht so intensiv vorgenommen wird, wie es eigentlich erforderlich ist. Der Strom ist abgestellt, und man sieht nichts. Die Glühbirnen sind prompt defekt oder herausgeschraubt, die Taschenlampe des Maklers gibt ihren Geist auf, flackert nur noch, Sie selbst haben eine Taschenlampe vergessen.

Doch muß man den Keller genauso gründlich besichtigen wie alle anderen Räume auch. Verschieben Sie den Termin und bringen Sie zum nächsten einen 500-Watt-Baustrahler (in jedem Baufachgeschäft für wenig Geld zu haben) mit. Diese Anschaffung lohnt sich in jedem Fall, denn nur dann können Sie auch die dunklen Keller sorgfältig prüfen.

Prüfen Sie auch, den Zustand des Hauptzählerkastens, die Führung und den Zustand des Abwassernetzes, wo und wie der Stromanschluß mit Panzersicherung liegen, ob Bodenabläufe verstopft sind usw.

Den Zustand unverkleideter *Holzbalkendecken* kann man in Ermangelung eines einfachen Werkzeuges auch mit dem Fahrzeugschlüssel überprüfen. Begutachten Sie Stellen nahe an den Auflagern der Außenwand. Läßt sich hier der Schlüssel versenken und rinnt Staub aus dem Holz, ist Gefahr in Verzug, und Sie haben ein vollkommen defektes Deckenauflager ermittelt, welches unbedingt saniert werden muß.

Die vorhandenen Balkenabstände hängen vom Baujahr des Hauses ab. Als noch Vollholzbalken verwandt wurden (etwa bis 1870), betrugen die üblichen Balkenabstände bis 1,20 m.

Nachdem die Zimmerleute mehr und mehr gesägte Vollhölzer einsetzen konnten (etwa ab 1860 bis 1940), verringerten sie den Balkenabstand auf knapp einen Meter.

Bei allen Bauten mit Holzbalkendecken, die nach dieser Zeit errichtet wurden und bei denen ausnahmslos wegen der veränderten Holzwirtschaft und Holzbearbeitungsmöglichkeiten Halbholzbalken verwendet wurden, verringerte sich der Balkenabstand auf das heute noch übliche Maß von 60 bis 70 cm Zwischenraum.

Bei der *Deckensanierung* ist es nach der Bestandsanalyse immer sinnvoll, einigermaßen intakte Konstruktionsgefüge zu belassen, selbst wenn bei einem sehr alten Gebäude die weiten Balkenabstände von 1,00 Meter und mehr vorkommen und Durchbiegungen vorhanden oder zu befürchten sind.

Ist der Einbau einer neuen Treppe oder eines Schornsteins geplant, können Deckenbalken, die nicht bis zum Auflager durchlaufen, „ausgewechselt" werden. Der Querbalken oder „Wechsel" überträgt die Last auf die benachbarten Deckenbalken. Deckenöffnungen für neue Treppen, Schornsteine, Galerien stellen also keinen besonders großen Aufwand dar.

Expertentip:
Holzdeckenkonstruktionen sind in alten Gebäuden meist weniger geschädigt, als man annimmt, selbst wenn vereinzelt große Durchbiegungen vorhanden sind. Wirtschaftlich ist es meist sinnvoll, die alten Decken so weit es geht zu erhalten. Deckendurchbrüche sind technisch nicht problematisch. Decken sind ein wichtiger Bestandteil des Konstruktionsgefüges eines Gebäudes; Änderungen und Eingriffe sind deshalb genehmigungspflichtig und sollten nur mit Hilfe von Fachleuten betrieben werden.

Schallschutz

Ist eine Holzbalkendeckensanierung unumgänglich, sollte der Aufbau eine Verbesserung des Schallschutzes beinhalten, denn die Schalldämmung alter Holzbalkendecken ist wegen Schallbrücken und fehlender Massen in den Hohlräumen nicht so günstig wie bei Stein- und Stahlbetondecken.

Zu unterscheiden sind das *Luftschallschutzmaß* (LSM) und das *Trittschallschutzmaß* (TSM). Beide werden in Dezibel (dB) gemessen. Je schwerer eine Decke ist, desto bessere Schalldämmeigenschaften weist sie auf. Ein gutes Trittschallschutzmaß bedeutet meist auch gute Werte beim Luftschallschutz. Bei den alten Deckenkonstruktionen hatten die ca. 9 bis 11 cm hohen Schüttungen aus Lehm, Schlacke oder Sand die Funktion, das Gewicht und damit die Schalldämmung zu verbessern.

Bei ausreichender Tragfähigkeit kann bei Sanierungen das Flächengewicht der Decke erhöht werden. Verwendet man dabei Schüttgut wie Sand, hat man zwar kostengünstiges Material verarbeitet, muß aber Rieselschutz nach unten gewährleisten. Dies kann sehr aufwendig und teuer werden, so daß sich die Preiswürdigkeit der Maßnahme relativiert.

Gut geeignet als schwere Zwischendeckenwerkstoffe sind Gehwegplatten und Vollziegel.

Als einfache Möglichkeit, den Trittschallschutz zu verbessern, gelten nach wie vor hochwertige Teppiche oder Teppichbodenbeläge oder bei ausreichenden lichten Raumhöhen Deckenbekleidungen mit Federschienen und Federbügeln.

In einigen Fällen können eigenleistungsfreundliche Trockenestriche, z.B. Gipsfaserplatten oder andere Plattenwerkstoffe, die mit einer Trennlage auf ebenen Untergrund verlegt werden, den Schallschutz verbessern.

Ein Greuel ist jedem verantwortungsbewußten Sanierer aber die unbedarfte Scheiblettenbauweise. Dabei versucht man, Schallschutzverbesserung und Fußbodenmodernisierung zu betreiben, indem man unüberlegt eine weitere Trockenbauschicht auf den vorhandenen Fußbodenaufbau aufbringt. Dünne 13 oder 16 mm starke, im Baumarkt billig zu beziehende Spanplatten, darauf ein moderner Laminatfußboden – dieser Aufbau verbessert den Schallschutz mehr, weil er aus einer federnden Schicht besteht.

Aber schnell ist der Gesamtaufbau 30 mm höher als vorher, Übergänge zum Flur oder anderen Räumen müssen mit Metalleisten überbrückt werden. Im ungünstigen Fall sind Türen zu kürzen. Im Fachwerkbau sind es vielleicht gut erhaltene Holzfüllungstüren, von denen wieder einmal 2 bis 3 cm abgesägt werden. Dadurch werden die Räume immer niedriger, und die Besucher lächeln mitfühlend. Schließlich merkt man es gleich, wenn bei Raumhöhen ein Mindestmaß unterschritten ist und man den Raum nur noch als drückend empfindet. Da helfen auch keine restaurierten Balken als Raumtrenner.

Wärme- und Brandschutz

Der Wärmedämmung der Keller- und der obersten Geschoßdecke wurde bisher zuwenig Bedeutung beigemessen. Dabei betragen die Wärmeverluste in nicht geheizten Kellerräumen bis zu 40 %. Auch hier gilt die Regel, daß Wärmedämmschichten auf der kalten Seite effektiver sind und keine Dampfsperre benötigen. Vorsicht, eine Dampfbremse kann hier sogar Kondenzwasserschäden verursachen. Über die Materialwahl entscheidet man je nach Raumnutzung des Kellers.

Holzbalkendecken erfüllen Mindestanforderungen an den Feuerwiderstand und sind als feuerhemmend (F 30) einzustufen, wenn die Balkenquerschnitte den heutigen statischen Regeln entsprechen, die Deckenbalken nach oben mit Dielen beplankt oder mit Spanplatten verkleidet sind und die Balken von unten ebenfalls eine Bekleidung mit Gipskartonplatten, Holzwolle-Leichtbauplatten oder Drahtputzdecke aufweisen.

4. Materialien für eine moderne und bau-ökologisch gesunde Sanierung

4.1 Welchen Wert hat eine Wohnung für Sie?

Um ein Haus oder eine Wohnung zu kaufen und/oder zu sanieren, brauchen Sie kein Universalgenie, Architekt, Handwerker und Gestaltungsfachmann in einer Person zu sein.

Es wurde hier bereits dargestellt, daß zu einer rundherum geglückten Sanierung und Modernisierung der Bauherr als wacher Koordinator und Entscheider die wichtigste Position einnimmt. Er muß aber nicht alles wissen und alles können.

Die Wohnung ist mehr als ein Dach über dem Kopf, das allzeit Wetterschutz bietet. Sie ist nicht nur Schlaf- und Ruhestätte und Aufbewahrungsort für die Habseligkeiten und den Besitz. Sie ist auch Sitz der Familie, Ort zum Repräsentieren, zum Vorzeigen, wer man ist und was man hat. Eine gute Wohnung bietet noch mehr, und ein guter Bauherr verlangt auch mehr von seiner Wohnstätte.

Allzuleicht wird übersehen und verkannt, daß die Wohnung oder ein Haus wie eine Hülle den Menschen umschließt, Geborgenheit gibt bzw. geben soll. Nur in der Wohnung hat der Mensch letztlich das verbriefte Recht darauf, die eigene Umwelt nach den eigenen Vorstellungen in allen Details selbst zu formen.

Dies ist besonders wichtig bei der Auswahl der Materialien für eine moderne und gesunde Sanierung. Viel Ärger, Leid und Aufwand können eingespart werden, wenn die Sanierung oder Modernisierung sich an den Gegebenheiten des Objekts orientiert.

Expertentip:
Einen individuell kleinräumig aufgeteilten Wohnungsgrundriß kann man nicht so leicht zu einem Loft umbauen. Man kann es versuchen, aber der Aufwand ist unverhältnismäßig hoch, wie Sie bei der Finanzierung sehen werden.

Ähnlich dem Aufbau einer statischen Berechnung und analog zu der Reihenfolge in Kapitel 3, beginnt die Aufzählung geeigneter Baustoffe für Modernisierungsvorhaben und Sanierungsprojekte beim Dach. So paradox es klingt: Das wertvolle Regenwasser, ohne das nichts wächst und gedeiht, gehört zu den ärgsten Feinden von Haus und Wohnung. Niederschläge und hohe Luftfeuchtigkeit können die Baustoffe durch Schimmel und Verrottung schwächen und schädigen. Regen in Verbindung mit Frost greift Bauteile an, indem er die Schutzwirkung zerstört. Selbst anhaltende extrem trockene Wetterlagen können zu Schwundverhalten, z.B. bei Holzfußböden, führen.

Ein verantwortungsbewußter Gebäudeschutz bedeutet somit, das Haus oder die Wohnung vor Feuchte im weitesten Sinne zu schützen. Damit erhalten Sie den Wert Ihrer Immobilie. Geschieht dies mit Materialien und Bautechniken, die umweltgerecht und langlebig bei wirtschaftlich vertretbarem Aufwand sind, hat der Haus- und Wohnungsbesitzer wenig Ärger zu erwarten. Trotz aller Modernität und allen Fortschritts zählen beim Gebäudeerhalt überwiegend seit Jahren bewährte, häufig sehr simple Techniken und Baustoffe zu den besten Mitteln am Markt.

4.2 Bedachungsmaterialien

Heute allgemein übliche Bedachungsmaterialien bei geneigten Dächern sind:

◆ *Tonziegel* in unterschiedlichen Größen, Formen, Farben und Oberflächen. Ähnlich wie bei Mauersteinen aus Ton gehört zum Herstellungsprozeß das Brennen des Materialgemisches aus Ton und Zuschlagstoffen. Als notwendige Dachneigungen gelten in der Regel Dächer mit einer Neigung von 22° bis 24°. Einige Sonderformen sind ab 12° Dachneigung einzusetzen.

◆ *Betondachsteine* gleichen den Tondachziegeln in fast allen Merkmalen, sind jedoch nicht gebrannt sondern gepreßt. Betondachsteine sind schwerer als Tondachziegel.

◆ *Abdichtungsbahnen* aus Bitumenwerkstoffen oder Kunststoff. Je flacher die Dachneigung, desto eher finden Bahnenprodukte Verwendung.

◆ *Trapezbleche:* Ein Produkt des Industriebaus, das von Architekten vereinzelt auch bei Sanierungen eingesetzt wird und aus gewalztem Stahl besteht. Die Vorteile sind lange Abmessungen ohne Auflager sowie geringes Eigengewicht.

◆ *Zinkblech- und Kupferblechbedachungen* werden seit altersher als Bedachungen verwendet und erfahren als Baustoffe heute einen wahren Boom. Sie sind einsetzbar bis zu einer Mindestdachneigung von 7° Grad. Für diese Bedachungsmaterialien wird ein Unterdach aus Holz benötigt. Zink- und Kupferblechdachungen sind etwa doppelt so teuer wie herkömmliche Dachsteine.

◆ *Schiefer* ist als Bedachungs- und Fassadenbekleidungsmaterial regional sehr verbreitet. In Gegenden, wo früher Naturschiefer genommen wurde, schreibt die Denkmalpflege bei älteren Häusern dieses Material vor. Der moderne Baustoffhandel hält mittlerweile Platten bereit, die den Schieferschablonen ähnlich sind, deren Verarbeitung aber billiger ist.

◆ *Reetdacheindeckungen* sind nur lokal verbreitet, Glasbedachungen stellen lediglich eine Sonderform dar und sollen deshalb nicht weiter erwähnt werden.

Mit roten Dächern verbindet jeder Bauherr ganz spontan die gute alte Zeit, das Geborgene, Natürlichkeit und Ehrlichkeit eines traditionellen Baustoffes. Dabei ist der gute alte Tonziegel nicht mehr vergleichbar mit den heute marktgängigen Fabrikaten, die sich durch eine glatte Oberfläche und eine oder mehrere Falze zur Ableitung des Wassers auszeichnen. Tonziegel sind leichter als vergleichbare Produkte aus Beton, häufig kleiner und in ihrer Form plastischer.

Aufgeschlossene Architekten und Planer verwenden bei allen Baumaßnahmen, auch im Sanierungsbereich sowie bei Vorhaben im Zuständigkeitsbereich von Denkmalbehörden, je nach Entwurfskonzept auch Scharenware aus Zinkblech oder Kupfer sowie Trapezbleche. Hier ist auf die Besonderheiten einer Hinterlüftung zu achten.

4.2.1 Holz (Dachstuhl)

Üblich beim Hausbau und im Sanierungssektor sind Nadelhölzer, Fichte und Kiefer, meist aus heimischen Wäldern oder als Plantagenholz.

In den letzten Jahren gewinnen Holzplattenwerkstoffe und geleimte Hölzer (Leimbinder), sogenannte Brettschichthölzer, immer mehr an Bedeutung. Ein Vorteil dieser Werkstoffe liegt darin, daß überwiegend Schwachholz verarbeitet wird. Ein Vorteil von Leimbindern besteht darin, daß sie nicht reißen, wie dies bei einem massiven Balken geschehen kann.

Verleimt wird bei den Produkten aus Markenprogrammen mittlerweile fast ausnahmslos mit Leimen aus lösungsmittelfreier Produktion.

Die Imprägnierung des Dachtragwerkes ist in der neuen DIN nicht mehr vorgeschrieben. Die Lüftungsebenen gewährleisten, daß die Dachstühle weitestgehend trocken sind.

Entscheiden sich Bauherren trotzdem für einen Holzschutz, so sind salzhaltigen Imprägnierungen mit Borsalz der Vorzug zu geben.

Die Imprägnierung wird meist durch den Zimmerbetrieb nach dem Zuschneiden und Verzimmern der Balken vorgenommen. Denn am Boden ist das Streichen – Spritzen oder Tauchen erheblich einfacher.

4.2.2 Unterspannbahnen

Unterspannbahnen werden zwischen Sparren und *Dacheindeckung* aufgebracht, um das Eindringen von Flugschnee, Schmelz- und Regenwasser zu verhindern. Bei den Unterspannbahnen werden heute vorrangig gewebeverstärkte, diffusionsoffene Folien verwendet.

Es setzen sich aber auch immer häufiger sogenannte Baupapiere am Markt durch, die aus unbedenklichen Papiergrundstoffen bestehen. Sie werden heute bevorzugt eingesetzt, wenn Zellulosedämmungen zur Ausführung kommen. Es handelt sich um Konvektionsschutzpappen oder Dampfbremspappen, die eine lückenlose Luft- und Winddichtung auf der inneren Seite des Daches gewährleisten sollen.

Die gängigen Produkte heißen z.B. Perkalor-Diplex oder B.I-Baupappen. B.I. Baupappen bestehen aus Recyclingpapier, das mit Ammoniumsalzen flammhemmend imprägniert ist. Die Baupappen werden dachunterseitig an die Sparren getackert und überlappend verklebt. Hierfür gibt es einen Baukleber auf der Basis von Wasser, Naturlatex, Borsalz, natürlichen Füll-, Zuschlagstoffen und unschädlichen (für Lebensmittel zugelassenen) Konservierungsstoffen, (z.B. der Firma B.I.).

Die Arbeiten lassen sich sehr gut in Selbsthilfe durchführen. Für viele Bauherren ist dies eine beruhigende Tätigkeit, bei der man sich selbst vergewissern und jederzeit überprüfen kann, ob wirklich sorgfältig alle Anschlüsse, Überlappungen und vor allem auch Rohrdurchführungen und Schalterdosen nach den Angaben winddicht sind.

Feste Unterdächer können aus Bitumenpappe auf Holzschalung, aus Holzwolleleichtbauplatten oder aus bituminierten Holzweichfaserplatten, z.B. Gutex, bestehen.

4.2.3 Dämmung

Es sind naturnahe, mineralische und Hartschaum- (Kunststoff-) Dämmungen zu unterscheiden.

Alle drei Dämmstoffarten werden in Form von Platten, Matten oder Keilen von Handwerksbetrieben oder in Baumärkten angeboten.

Alle Dämmstoffe enthalten einen Hinweis auf die Baustoffklasse und müssen mindestens die Anforderungen „normal entflammbar" (Baustoffklasse B2) erfüllen. Leicht entflammbare Dämmstoffe (B3) dürfen nicht am Bau verwendet werden.

Der Beipackzettel für Dämmstoffe enthält auch die Angabe der Wärmeleitfähigkeitsgruppe. Es bestehen noch große Preisunterschiede bei den einzelnen Dämmstoffarten, wobei die naturnahen Dämmstoffe immer preiswerter werden.

Naturnahe Dämmstoffe

◆ *Kork* besteht aus der Rinde der Korkeiche, ist ein nur begrenzt zur Verfügung stehender Rohstoff, der sich deshalb nicht als

Standarddämmstoff empfiehlt. Um die Verarbeitung zu erleichtern, wird Kork heute mittels heißem Wasserdampf expandiert. Durch Herstellungsfehler kann dabei die krebserregende Substanz Benzpyren entstehen, erkennbar an einem besonders ausgeprägten üblen Geruch.

Ohne Fremdstoffe expandierter Kork bzw. naturbelassenes Korkschrot eignet sich besonders als Dämmstoff für Decken und Wände. Auf Nachweis, daß das Material aus kontrollierter Produktion stammt, ist zu achten.

◆ *Kokosfasern* werden zu Matten und Platten verfilzt. Gegen eine umfangreiche Verarbeitung spricht, daß die Grundstoffe der Kokospalme nicht unbegrenzt zur Verfügung stehen und einen hohen Preis haben und somit der Einsatz, z.B. als Trittschalldämmung, im Vergleich zu anderen Dämmaterialien nicht wirtschaftlich ist.

◆ *Zelluloseflocken* finden als Dämmstoff für die unterschiedlichsten Bauteile immer mehr Verbreitung. Mehrere Hersteller (z.B. Firma Ökologische Baustoffe GmbH Hess. Lichtenau, „Isofloc") verwenden getrennt gesammeltes Zeitungspapier, zerfasern es zu feinen Flocken und versetzen es mit Borsalz, um einen ausreichenden Brandschutz zu gewährleisten. Das Material wird lose verarbeitet und in Hohlräume eingeblasen oder neuerdings auch auf Trägerplatten gewirkt. Dadurch ist der Einsatz ähnlich wie bei herkömmlichen Matten möglich. Durch die stark zunehmende Verbreitung unterscheidet sich die Dämmung mit Zellulose im Preis kaum von der Steinwolle-Dämmung.

◆ *Holzfaserplatten* (Weichfaserplatten) werden aus Sägemehl, feinen Sägespänen und Holzleim oder Bitumen hergestellt, gewöhnlich in Stärken bis etwa 20 mm. Als reines Wärmedämmaterial ist der Einsatz von Holzfaserplatten nicht sehr sinnvoll, da die Wärmeleitfähigkeit für einen Dämmstoff relativ groß ist (0,056 W/(mK)). Die Platten werden hauptsächlich als wärmedämmendes Schalungsmaterial und als Trittschall-Dämmplatten bei Fußbodenkonstruktionen zwischen Trockenschüttung und Estrichplatten eingesetzt. Die feuchtigkeitsunempfindlichen bituminierten Platten sollten nur dort verwendet werden, wo Ausdünstungen nicht in die Raumluft gelangen können.

◆ *Holzwolleleichtbauplatten* (z.B. „Heraklith") bestehen aus Holzwolle, die durch Zement oder Magnesit gebunden und konserviert ist. Sie werden hauptsächlich als Putzträger in Verbindung mit anderen Wärmedämmstoffen, z.B. für Holzständerwände, verwendet. Wegen der schlechten Dämmeigenschaften (0,093 W/(mK)) sind die Platten bei den heutigen Dämmstandards als alleiniger Dämmstoff nicht sinnvoll.

◆ *Schilfrohr* wird zu 2–10 cm dicken Platten gepreßt und mit Drähten gebunden. Schilfrohr-Leichtbauplatten haben eine gute Dämmfähigkeit. Sie lassen sich zur Wärme- und Trittschalldämmung auch bei Rundungen verwenden.

Mineralische Dämmstoffe

◆ *Mineralfaserdämmstoffe* sind den meisten Verbrauchern als Stein-, Glas- oder Schlackenwolle bekannt. Seit Jahren gibt es zahllose Varianten als Platten- oder Mattenware, mit oder ohne Kaschierung, für die verschiedensten Einsatzgebiete und Beanspruchungen. Je nach Rohdichte haben Mineralfaserdämmstoffe ein sehr gutes Dämmvermögen.

Die Herstellung ist mit sehr hohem Energieaufwand verbunden. Der Verdacht, daß feinste Mineralfasern bei Menschen Krebs erzeugen können, ist in der Vergangenheit nicht überzeugend widerlegt worden. Heutige Produktionsweisen schließen nach Herstellerangaben diese Gefahren aus. Glaswolle weist den größten Anteil an feinen Fasern auf. Bei den Dämmstoffen aus Schlackenwollen wird erhöhte Radioaktivität vermutet.

Empfohlen werden Mineralfaserdämmstoffe aus Steinwolle. Sie sind so zu verarbeiten, daß sie nicht in direkter Verbindung mit der Raumluft stehen, um die Belastung der Atemluft so gering wie möglich zu halten.

◆ *Blähperlite* als Dämmstoff wird vorwiegend als Trockeschüttung zur Wärmedämmung und zum Niveauausgleich verwendet (Altbausanierung). Ausgangsstoff ist vulkanisches Gestein, das bei hohen Temperaturen gebläht wird. Dämmstoffe aus Blähperlite haben gute Brandschutzeigenschaften (A1, feuerbeständig), werden aber nicht unbedingt für die Dachdämmung empfohlen. Sehr gut eignen sie sich dagegen für die Dämmung von Decken.

◆ *Blähton*, hergestellt aus Jura-Ton, kennt man aus dem Gartenbau. Blumenfreunde schätzen das Substrat für Hydrokulturen. Als Dämmstoff ist Blähton aber wegen seiner vergleichsweise schlechten Wärmeschutzeigenschaften weniger empfehlenswert.

◆ *Schaumglas*, (z.B. das Produkt „Foamglas", Firma Dow, Frankfurt), wird als Dämmung im erdberührten Bereich sowie bei den sogenannten Umkehrdächern eingesetzt. Der Grundstoff ist Natursteinmergel. Es gibt den Baustoff als Plattenware mit offenzelligen und geschlossenzelligen Poren. Schaumglas ist dampfsperrend, verrottungsbeständig und feuchtigkeitsunempfindlich.

Dämmstoffe aus Hartschaum

Polystyrol-Hartschaum ist am besten über die Markennamen wie „Styropor, Styrodur und Roofmate" bekannt. Es wird aus Erdöl synthetisiert, wobei der Bestandteil Styrol, die monomere Form, im Verdacht steht, krebserzeugend und mutagen (erbgutverändernd) zu sein. Nach allgemein anerkannten Berichten auf der Grundlage vieler Messungen kommen in Wohnungen selbst bei extrem hohen Temperaturen keine Restmonomere durch Ausgasung vor. Gefährlich wird es im Brandfall, dann wird Styrol freigesetzt. Die Materialien sind als Sondermüll zu deklarieren und zu entsorgen. Seine weite Verbreitung verdankt der Polystyrol-Hartschaum seinem günstigen Preis und seiner leichten Verarbeitbarkeit, die auch Heimwerkern keinerlei Probleme bereitet. Wegen der Gefahren für Mensch und Umwelt sollte heute auf andere Dämmaterialien zurückgegriffen werden.

4.3 Geschoßdecken

In alten Häusern, die bis etwa zur Jahrhundertwende erbaut wurden, überwiegen Holzbalkendecken mit Einschub und Dielenbelägen. Zu Beginn des 20. Jahrhunderts fanden Stahlsteindecken und später Stahlbetondecken rasche Verbreitung.

Die Funktionen einer Geschoßdecke umfassen Stabilität, Schall-, Wärme- und Brandschutz. Der Schallschutz gewinnt dabei immer mehr an Bedeutung, zumal wenn die Geschoßdecke zwei Wohnungen trennt (Wohnungstrenndecke).

Eine Änderung tragender und nichttragender Wände unter oder auf Geschoßdecken stellt einen Eingriff in das Tragwerk eines Gebäudes dar. Hier ist die Beteiligung eines Fachmannes notwendig, die Statik des Hauses muß überprüft und ggf. neu berechnet werden. Auch die Herstellung oder Vergrößerung von Deckenöffnungen ist baugenehmigungspflichtig.

Bei zusätzlichen Lasten besteht die Gefahr der Durchbiegung und Rißbildung.

Zur Verbesserung des Schallschutzes einer Geschoßdecke bieten sich an:

◆ schwimmender Fußbodenaufbau als Naß- oder Trockenestrich auf Dämmplatten (schwimmend verlegt heißt, daß die Tragschicht keinerlei feste Verbindung zu der Rohdecke und den Wänden aufweist). Zu empfehlen sind Zementestriche oder Asphaltestrich (teurer). Bei den sogenannten Anhydritestrichen sind die Verarbeitungsregeln besonders zu beachten.

◆ Auffüllen der Einzelfelder von Holzbalkendecken (Zwischenräume) mit Steinmaterialien, z.B. Ziegelsteinen. Die Statik der Decke ist hierbei zu beachten.

◆ Abhängen der Decke mit Bauplatten (Gipsfaser, Gipskarton u. a. Werkstoffe). Der hierbei erreichte Schallschutz ist nicht so groß, daß man dafür eine viel niedrigere Raumhöhe in Kauf nehmen sollte.

◆ Wahl eines federnden Fußbodenbelags, etwa: Teppich, Kork, Linoleum oder Kautschuk.

4.4 Außenwände

Außenwände erfüllen wesentliche Funktionen des Hauses. Sie tragen die Dach- und Bodenlasten des Hauses, schützen vor Wind und Wetter und bilden als Außenhaut auch die Fassade. Der Reparaturfähigkeit von Außenwänden und Fassaden kommt dabei eine wichtige Bedeutung zu. Einen Putzschaden sollte man ohne großen

Aufwand streichen, nachstreichen oder ausbessern können. Fassadenverkleidungen aus den unterschiedlichen Werkstoffen sollten ohne großen Aufwand ergänzt werden können.

Die in den früheren Zeiten selbstverständliche Stabilität der Außenwände trat durch neue Materialien in den späten 60er bis 80er Jahren in den Hintergrund. Damals wurden Materialien angepriesen, die nicht hielten, was ihre Verkäufer versprachen.

Zementfaserschindeln verblaßten schnell in der Farbe, bestimmte Formate und Abmessungen setzten sich nicht durch. Wehe, wer da nachordern wollte. Die PVC-gefertigten Eckschienen wurden spröde, lose und fielen ab. Das alte Haus, das auf „modern" getrimmt wurde, wirkt nur kurze Zeit.

Der Fachwerkbau zeichnet sich dadurch aus, daß bei richtiger Technik, das Gebäude immer wieder den sich wandelnden Bedürfnissen angepaßt werden kann. Hierzu ist es notwendig, bei den Ausfachungen auf großformatige Gasbetonsteine, auf Kunststoffputze und auf Kunststoffplatten zu verzichten.

Expertentip:
Keine Gasbetonsteine zur Fachwerkausmauerung verwenden. Diese sind im Materialverhalten zu fest, so daß sie Bewegungen des Fachwerks nicht aufnehmen können; es entstehen also zwangsläufig Risse.

Als Wandbaustoff für Fachwerkwände bieten sich an und werden in der Denkmalpflege empfohlen:

Situation 1: Neu Ausmauern bei Fachwerkhäusern mit Ziegelvollsteinen	
Ausgangsmaterial/Rohstoff	Ziegelvollsteine, verschiedene Abmessungen, bestehend aus Lehm und Zuschlagstoffen
gesundheitliche Gefährdung	keine (bei nicht porosierten Steinen)
Herstellungsverfahren/ Energieeinsatz	durch Brennvorgang hoch
Einsatzgebiete	alle Arten der Fachwerkaus- mauerung
Preise (Stand 1997)	ca. 80–90 DM/m^2 bei Innen- und Außendämmung

Situation 2: Neu Ausmauern bei Fachwerkhäusern mit Bimssteinen	
Ausgangsmaterial/Rohstoff	Bimssteine (Leichtbeton)
gesundheitliche Gefährdung	keine
Herstellungsverfahren/	Formvorgang
Energieeinsatz	geringer Energieeinsatz, da kein Brennvorgang notwendig
Einsatzgebiete	alle Arten der Fachwerkaus- mauerung
Preise (Stand 1997)	ca. 85–95 DM/m^2 bei Innen- und Außendämmung

Bei Ausfachungen aus sichtbarem Mauerwerk, meist *Klinker- oder Vormauerziegel,* sind in der Regel die Steine noch vollkantig und fest erhalten. In einfachen Fällen muß man auf ähnliche Formate und Farben ausweichen. Wichtig ist die Erneuerung der Verfugung bei alten Klinkerfassaden, wenn diese ausgewaschen und brüchig ist. Die Instandsetzung sollte mit Traßkalk, möglichst ohne Zementzusätze erfolgen. Vor der Sanierung sind die losen Vermörtelungen etwa 2–3 cm tief auszukratzen.

Traß ist ein Natursteinmaterial vulkanischen Ursprungs. Als gemahlener Stein (Trachyttuff) aus Tonerde und Kieselsäure wird er als Zusatzstoff zu Bindemitteln, z.B. im fertig erhältlichen Traßzement, verarbeitet. Traß vergrößert als Zuschlagstoff das Abbindeverhalten und hilft, Ausblühungen zu minimieren. Lehmausfachungen im Sichtfachwerk bilden den traditionellen Wandaufbau.

Wo es geht, gilt es aus bauphysikalischen, bauhistorischen und wirtschaftlichen Gründen die Lehmwickel und das Stakengeflecht zu erhalten. Leichte Schäden können vor einem Neuanstrich repariert werden. Folgende Schritte sollten eingehalten werden:

1. Schritt: Reinigen der Gefachflächen und Beseitigen der losen Stellen durch Abbürsten und Abwaschen;
2. Schritt: Ausfüllen der Risse und Fehlstellen mit Kalkmörtel; nicht auf die anschließenden Balken putzen, aber vollflächiges und balkenbündiges Arbeiten gewährleisten;
3. Schritt: neu verputzen und ggf. mit einer Kalkschlämme färben.

Bei umfangreicheren Schäden ist die Befestigung der Staken notwendig, anschließend erfolgt ein neuer Kalkputzaufbau. Hierzu ist ein Putzträger aus verzinktem Metallgewebe (Streckmetall) aus Kunststoff notwendig. Liegen die Ausfachungen mehr als 2 cm zurück, kann als Putzträger eine Holzwolle-Leichtbauplatte verwendet werden.

Bauplatten dieser Art haben gerade durch einen Hersteller (Firma Heraklith) einen so großen Markt gefunden, daß sie fast nur unter dem Namen „Heraklith-Platten" bekannt sind. Holzreste werden zu Fasern zerkleinert und mit Magnesia (Zement) und Wasser zu Platten geformt.

Zu den Putzträgern aus Metall, Kunststoff und Holzwolle kommen noch Platten aus Schilf und Rohr zu Einsatz. Letztere bewähren sich vorwiegend im Lehmbau.

4.5 Fassaden

Beim Stichwort „Fassade" wird allgemein zuerst an die Schutzfunktion und das Energiesparen gedacht. Die Fassade als „Kleid des Hauses" und als Bild seiner Bewohner tritt oft in den Hintergrund. Dabei vermittelt die Hausfassade häufig ein lebendiges und ausdrucksstarkes Bild der Wohnung und des Wohnumfeldes. Die Fassade spiegelt auch das Empfinden und die Eigenarten seiner Hausbewohner wider.

Diesen Aspekt sollte man nicht zu sehr vernachlässigen und sinnvolle Arbeiten am Haus auch vor diesem Hintergrund überlegen und entscheiden.

4.5.1 Fassadenverkleidungen

Kaum jemand wird wegen persönlicher Eigenheiten seinen Putzbau in ein holzverschaltes Haus verwandeln. Bei Fassadenverkleidungen stehen häufig Energiespargründe im Vordergrund. Für Fachwerkhäuser wie auch für Massivbauten stehen unterschiedliche Materialien zum Verkleiden zur Verfügung. Für den jeweils regional typischen Einsatz empfehlen sich Naturschiefer, Tonziegel und die verschiedenen Holzbaustoffe (von der Brettschalung bis zur Holzschindel).

Einsatzvorlieben und das Vorherrschen der unterschiedlichen Materialien in verschiedenen Regionen gehen auf traditionelle Hausformen und Bautypen zurück. Klassische Verbreitungsgebiete für Naturschiefer sind beispielsweise Eifel, Westerwald und Sauerland. Holzschindeln findet man in der Rhön, im Vogelsberg und im Hessischen Bergland.

Holzverschalungen haben eine sehr lange Tradition. Scheunen und Wirtschaftsgebäude, hohe Hausgiebel und Nebengebäude von Gehöften erhielten in früherer Zeit Verkleidungen aus waagrecht oder senkrecht angeordneten Brettern (häufig Lärche oder Fichte).

Entsprechend der jeweiligen Brettbreite, Art der Befestigung und des Zwischenabstandes entwickelten sich sehr vielfältige Typologien und Strukturen.

Fast alle Formen haben sich bis heute erhalten und erfreuen sich bei den modernen Bauweisen großer Beliebtheit. Als sogenannte

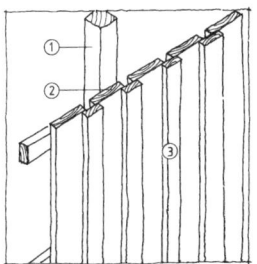 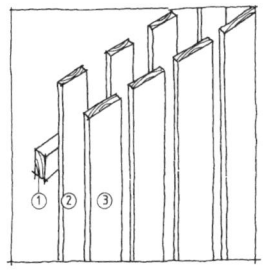 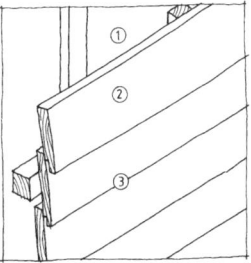

Boden-Deckel-Schalung
1. Grundlattung, 6/8 cm
2. Traglattung, 3/5 cm und
Senkrechtes Unterbett,
20-22 mm 3. Deckelbrett,
ca. 50 mm breit, 20 mm
stark

**Umgekehrte Boden-
Deckel-Schalung**
1. Traglattung, 3/5 cm 2.
Senkrechtes Unterbrett, ca.
22 mm 3. Deckelbrett, der
Abstand kann bis 1 cm
verringert werden

Waagrechte Stülpschalung
1. Grundlattung, 6/8 cm
2. Traglattung, 3/5 cm
3. waagrechte Schalung,
ca. 22 mm

Stülpschalung (waagrecht) oder als Boden-Deckel-Schalung ermöglichen sie ein Eingehen auf die konstruktiven und gestalterischen Gegebenheiten oder Wünsche der Bauherrn für die Fassade.

Holzschindeln erleben in ihren alten Verbreitungsgebieten eine enorme Aufwärtsentwicklung. Bessere Herstellungswerkzeuge als früher (reine Handarbeit) und halbautomatische Fertigung haben dafür gesorgt, daß die Kosten für Holzverschindelungen sanken und nun durchaus mit anderen Verkleidungsvarianten vergleichbar sind. Allen Verkleidungsarten gemeinsam ist die Berücksichtigung des konstruktiven Holzschutzes.

4.4.2 Putzfassaden

Geputzte Außenfassaden stellen eine kostengünstige und gestalterisch anspruchsvolle Fassadenlösung dar. Die unterschiedlichen Kornstärken und Strukturen erlauben in Verbindung mit der Farbgebung eine dem jeweiligen Haus angemessene Lösung.

Expertentip:
Vermeiden sie aber bei einem sensibel renovierten Altbau bestimmte Reibe- und Scheibenputze, die sich als preiswerte Putze in ländlichen Gebieten durchgesetzt haben.

An Fachwerkbauten gehören eher relativ feinkörnige Scheiben-putze, die abgefilzt werden. Die Putze sind durchgefärbt (Material wird in Säcken oder im Silo angeliefert und ist verarbeitungsfertig) oder können gestrichen werden.

Ein fachmännisch ausgeführter Außenputz hat eine Lebensdau-er von 20 bis 50 Jahren. Richtige Behandlung des Mauerwerks und des Untergrundes vorausgesetzt, brauchen Sie keine Angst vor Ris-sen oder abgelösten Flächen zu haben. Man kann Außenputze neu streichen und nach Anbauten oder dem Einbau neuer Fenster die betroffenen Flächen mit der gleichen Struktur anputzen.

Man muß jedoch beim gleichen Systemaufbau bleiben. Ein ein-mal mit Dispersionsfarbe gestrichener Mineralputz kann nicht mit Biofarbe überstrichen werden, es sei denn, man entfernt den Altan-strich vollständig. Seit zunehmend sogenannte Werktrockenmörtel als Fertigputze verwendet werden, halten die Malerfirmen eine Vielzahl von Strukturmustern und eine fast unendliche Anzahl von Farben bereit.

Expertentip:
Eine intensive Beratung über die Farbgebung, am besten in Verbindung mit ca. 1 m2 großen Probeflächen sollten sie schon verlangen.

4.5 Checklisten für die Materialien

Die Entscheidung, ein Haus oder eine Wohnung zu sanieren, reno-vieren und zu modernisieren hängt von vielen Überlegungen ab. Häufig spielt der Werterhalt des Gebäudes die entscheidende Rol-le. Nicht alle Gründe jedoch sind rational bestimmt oder hängen tatsächlich damit zusammen, daß Mängel und Schäden an der Ein-richtung oder am konstruktiven Gefüge des Hauses oder der Woh-nung bestehen. Häufig ist es einfach so, daß man sich nicht mehr wohlfühlt in seinen vier Wänden.

Checklisten können ein wertvolles Arbeitsmittel zur systemati-schen und übersichtlichen Entscheidungsfindung und Überprüfung darstellen. Sie ordnen fast bildlich die Kriterien und Argumente, die für oder gegen die Entscheidung stehen.

Die Gründe werden dadurch bei der Entscheidungsfindung nachvollziehbar und sind auch im nachhinein noch zu überprüfen.

Checklisten sollen helfen, die Entscheidung zu strukturieren. Vor allem sollen Checklisten vermeiden helfen, daß wichtige Argumente falsch gewichtet oder schlichtweg vergessen werden und sich damit Fehlerquellen einschleichen, die im Zweifelsfall einen ganzen Rattenschwanz von Problemen nach sich ziehen.

Trotz aller Angebote von Firmen und Dienstleistern, trotz der gewaltigen Flut von Informationsbroschüren, Handbüchern, Artikeln und anderen Veröffentlichungen muß leider festgestellt werden, daß eine gelungene Sanierung oder Renovierung nicht ohne den Überblick, die Entscheidungsfreudigkeit, letztendlich die Bauleitung des Bauherrn oder der Baufrau gelingt und erfolgreich ist.

> **Merke:**
> Die Handwerker sind meist nur so umsichtig und geschickt, wie der Meister oder Chef seine Mitarbeiter auf der Baustelle instruiert und kontrolliert.

Der Architekt kann Ihre Wünsche nur so gut umsetzen, wie Sie ihn verständlich informieren. Alle drei können nicht ständig hinter den Handwerkern auf der Baustelle stehen und ihnen über die Schulter schauen.

Voraussetzung für eine gelungene Sanierung ist also die Zusammenarbeit der Beteiligten, die gute Vorbereitung (über Checklisten) und die Wahl der richtigen Baumittel und Materialien, der Entwurf (Planung) und die Erarbeitung der besten Lösung. Die Checklisten umfassen drei Themenkomplexe:

Checklisten zur Entscheidungsfindung und vorbereitenden Planung („Vorentwurfsphase")

- ◆ Infomaterial
  - ◆ Gesetze und Verordnungen (Baurecht u.a.)
  - ◆ Verbände
  - ◆ Förderung (Zuschüsse)

- ◆ Wünsche der Bauherrschaft
  - ◆ Umweltschutz
  - ◆ Ansprüche
  - ◆ Gestaltung (Design)
  - ◆ Kostenrahmen
  - ◆ Unternehmerleistung/Selbsthilfe

Checklisten zu den Ausführungsgewerken („Ausführungsphase")

- ◆ Rohbau
- ◆ Installationen/feste Einbauten
- ◆ Innenausbau
- ◆ Möblierung
- ◆ Außenanlagen

Checklisten zur Koordinierung der am Bau Beteiligten („Bauleitungs- und Abrechnungsphase")

- ◆ Anschriften
- ◆ Verträge
- ◆ Bauabnahmen der Ausführungsgewerke
- ◆ Abrechnung der Gewerke und Nebenkosten

Checkliste: Wohnhaussanierung – Bedarf an Flächen etc.

Mein Haus genügt mir (unser Haus genügt uns). Ich bin hier zufrieden und wohne gern in dieser Gegend.	◆ ja ☐ nein ☐
Mir fehlt lediglich etwas mehr Raum für:	◆ mich selbst ☐ ◆ meine Frau ☐ ◆ die Kinder ☐ ◆ Eltern/Schwiegereltern ☐ ◆ Hobbies ☐ ◆ Gäste ☐ unseren Hund ☐
Entsprechend sind die weiteren Fragen und Antworten darzustellen: Statement, mögliche Antworten	
Wir haben keine Platzprobleme, sondern müssen einige dringende Reparaturen durchführen:	◆ am Dach ☐ ◆ an Außenwänden ☐ ◆ an Innenwänden ☐ ◆ an Türen, Fenstern ☐ ◆ Geschoßtreppen ☐ ◆ Fußböden ☐ ◆ Sanitär ☐ ◆ Heizung ☐ ◆ Elektro ☐ ◆ Außenanlagen ☐ ◆ sonstiges (Balkon, Kamin ☐
In der Familie haben wir abgesprochen, daß auf absehbare Zeit keine Grundrißveränderungen notwendig sind:	◆ ja ☐ nein ☐
Es soll ein Zeit- und Investitionsplan aufgestellt werden für folgende Maßnahmen:	◆ Dach ◆ Außenwände ◆ Innenwände ◆ Türen, Fenster ◆ Sanitär

	◆ Heizung ◆ Elektro ◆ Außenanlagen ◆ sonstiges (Balkon, Kamin)
Umweltschutz interessiert uns sehr. Bei Modernisierungen und Instandsetzungen wollen wir ausschließlich bauökologisch unbedenkliche Baustoffe einsetzen:	◆ ja 0 nein 0
Umweltschutz nehmen wir zwar sehr ernst, aber vieles wird auch übertrieben, wir sind nicht für ökologische Baustoffe um jeden Preis:	◆ ja 0 nein 0
Die Einzelmaßnahmen sollen ohne Ausnahme von Fachleuten koordiniert, ausgeführt und geleitet werden (Überwachung). Dadurch wird am ehesten eine qualifizierte Leistung erreicht, und eine wirtschaftliche dazu:	◆ ja 0 nein 0
Wir wollen mit Handwerksfirmen zusammenarbeiten, aber folgende Leistungen in Selbsthilfe erbringen:	◆ Dach ◆ Außenwände ◆ Innenwände ◆ Türen, Fenster ◆ Sanitär ◆ Heizung ◆ Elektro ◆ Außenanlagen ◆ sonstiges (Balkon, Kamin)
Bei den Ausführungsarbeiten sollen uns helfen:	◆ Arbeitskollegen ◆ Freunde ◆ Eltern ◆ andere Bekannte

Den Gesamtaufwand der Sanie- rungsarbeiten schätze ich auf einen Betrag von:	◆ unter 50.000 DM ◆ unter 100.000 DM ◆ über 100.000 DM	0 0 0

5. Ein Bauvorhaben ist fertiggestellt – Abnahme, Mängel, Gewährleistung

Wer im Zusammenhang mit Errichtung, Sanierung oder Umbau seines Hauses einen Unternehmer mit der Durchführung der Arbeiten beauftragt, schließt als *Auftraggeber* (vom Gesetz „Besteller" genannt) mit seinem *Auftragnehmer* (vom Gesetz „Unternehmer" genannt) einen schriftlichen *Werkvertrag*.

Einen möglichen Werkvertrag für derartige Fälle haben wir auf *Seite 176 ff.* im Anhang 3 formuliert. Dieses Muster beinhaltet Mindestanforderungen, die ein schriftlicher Werkvertrag enthalten muß.

Der Abschluß eines Werkvertrages ist meistens noch unproblematisch, er muß in jedem Fall schriftlich erfolgen und den Auftragsumfang genau beschreiben. Zwar ist auch ein mündlich abgeschlossener Werkvertrag wirksam, damit läßt sich aber die Auftragserteilung und insbesondere der Auftragsumfang im Zweifelsfall nicht beweisen.

> **Expertentip:**
> Schließen Sie nur schriftliche Verträge mit genauer Leistungsbeschreibung ab.

Die Schwierigkeiten beim Werkvertrag entstehen regelmäßig während und nach der Fertigstellung, wenn nämlich Mängel an den Arbeiten des Unternehmers festgestellt werden.

Nachfolgend erhalten Sie daher die wichtigsten rechtlichen Informationen zu den Problemen, die bei mangelhaften Arbeiten eines Unternehmers eine Rolle spielen.

5.1 Abnahme:
Was muß ich als Bauherr beachten?

Wenn ein Bauvorhaben fertiggestellt ist, dann fordert das Gesetz von jedem Auftraggeber (auch Bauherr genannt) die Verpflichtung, nicht nur den vereinbarten Werklohn an den Bauunternehmer zu zahlen, sondern auch die Abnahme des Werkes vorzunehmen.

In § 640 des BGB ist geregelt, daß der Auftraggeber (im Werkvertragsrecht Besteller genannt) das vertragsmäßig hergestellte Werk abnehmen muß.

Abnahme ist – neben der Verpflichtung zur Zahlung des Werklohnes – eine der Hauptpflichten, die der Auftraggeber beim Werkvertrag zu erfüllen hat. Abnahme bedeutet die tatsächliche Inbesitznahme des Werkes durch den Auftraggeber, verbunden mit der Erklärung, daß eine vertragsgemäße Leistung erbracht wurde.

Diese tatsächliche Inbesitznahme wird dadurch dokumentiert, daß:

◆ zwischen Auftraggeber und Auftragnehmer eine Besichtigung des Bauvorhabens durchgeführt wird. Anläßlich der Besichtigung wird ein sogenanntes Abnahmeprotokoll angefertigt, in dem beide Parteien die möglichen Mängel aufführen und vereinbaren, wann und in welchem Zeitraum diese Mängel beseitigt werden. Dies ist der Idealfall der Abnahme, eine derartige förmliche Abnahme sollte jedoch immer stattfinden.
◆ Die Abnahme kann aber auch dadurch stattfinden, daß der Auftraggeber ohne die förmliche Übergabe des Bauvorhabens dieses Objekt in Besitz nimmt. Wenn beispielsweise ein Bad saniert wurde und der letzte Handwerker das Badezimmer verlassen und dem Auftraggeber mitgeteilt hat, daß das Badezimmer nun fertig sei, dann wird eine Abnahme tatsächlich dadurch durchgeführt, daß der Auftraggeber das Badezimmer danach tatsächlich benutzt.
◆ Die Abnahme bewirkt eine einschneidende Zäsur beim Werkvertrag.

Folgende Rechtsfolgen schließen sich an die Abnahme an:

◆ Mit der Abnahme ist der Vertrag durch den Auftraggeber erfüllt.
◆ Mit der Abnahme trägt der Auftraggeber (Bauherr) die sogenannte Gefahr des zufälligen Untergangs und der zufälligen Verschlechterung. In unserem Beispielfall (*siehe Musterbriefe Seite 180 f.*) wurde das sanierte Badezimmer abgenommen. In der
  Nacht nach der Abnahme brannte der Teil des Hauses, in dem
  sich das Badezimmer befand, ab. Das Badezimmer wurde vollständig zerstört. Trotz dieser Zerstörung muß der Auftraggeber
  dem Bauunternehmer die Vergütung für die geleistete Arbeit
  zahlen.
◆ Ab der Abnahme hat der Auftraggeber nur noch einen Anspruch
  auf Mängelbeseitigung.
◆ Nach der Abnahme ändern sich die Beweisregeln in einem möglichen Zivilprozeß. Dies ist unter anderem dafür von Bedeutung,
  wer seine Behauptungen beweisen und einen Kostenvorschuß für
  ein Sachverständigengutachten zahlen muß.
  Nimmt der Auftraggeber das Bauvorhaben ab, so muß er danach beweisen, daß das Bauvorhaben einen Mangel aufweist.

Expertentip:
Vor der Abnahme des Werkes muß der Auftraggnehmer die
Mängelfreiheit beweisen.

◆ In dem Moment, in dem das Bauvorhaben abgenommen wurde,
  ist auch der Vergütungsanspruch des Bauunternehmers fällig.
  Vor der Abnahme des Werkes ist diese Vergütung auch schon zu
  verzinsen (§ 641 BGB). Die wichtigste Folge der Abnahme ist
  der Beginn des Laufes der Verjährungsfristen für die Gewährleistungsansprüche (*siehe Seite 165 ff.*)
◆ Besonders wichtig für jeden Auftraggeber ist die Beachtung folgender Bestimmungen (640 II BGB): Wer als Auftraggeber ein
  mangelhaftes Werk (Bauvorhaben) abnimmt, obwohl er weiß,
  daß das Bauvorhaben mangelhaft ist, kann den Bauunternehmer
  wegen dieses Mangels nur in Anspruch nehmen, wenn er bei der
  Abnahme ausdrücklich erklärt hat, daß er wegen des bekannten

Mangels die ihm zustehenden Rechte auf Mängelbeseitigung, Wandlung oder Minderung geltend machen will.

◆ Wenn eine Vertragsstrafe vereinbart wurde, dann muß auch dies bei der Abnahme berücksichtigt werden und ausdrücklich erklärt werden, daß diese gefordert wird.

Expertentip:
Die Zahlung einer Vertragsstrafe kann der Auftraggeber nur noch dann geltend machen, wenn er bei der Abnahme ausdrücklich erklärt, daß er diese Vertragsstrafe noch geltend machen wird. Es ist daher wichtig, als Auftraggeber nicht einfach das Bauwerk in Besitz zu nehmen und zu nutzen, denn damit ist das Bauwerk ja abgenommen.

◆ Es ist auch darauf zu achten, daß die Abnahme nicht in anderer Weise stillschweigend erfolgt. Dies ist etwa dann der Fall, wenn der Auftraggeber die vereinbarte Vergütung vorbehaltlos zahlt.

Expertentip:
Wichtig ist die förmliche Abnahme mit Aufnahme eines schriftlichen Abnahmeprotokolls, in dem nicht nur sämtliche Mängel aufgeführt werden, sondern in dem auch nochmals ausdrücklich die Mängelbeseitigung gefordert und festgelegt wird, daß eine vereinbarte Vertragsstrafe gefordert wird.

◆ Dieses Abnahmeprotokoll dient Beweiszwecken. Im Hinblick auf die vielen Konsequenzen, die sich an die Abnahme knüpfen, muß ein Abnahmeprotokoll in jedem Fall angefertigt werden, auch dann, wenn bei der Übergabe keine Mängel festgestellt werden. Anhand des Abnahmeprotokolls kann man aber noch verläßlich feststellen, wann mögliche Ansprüche des Auftraggebers verjähren, wenn eventuelle versteckte Mängel später zu Tage treten.

◆ *Hinweis:* Die Abnahme, von der in diesem Kapitel gesprochen wird, ist lediglich die Abnahme gegenüber dem Bauunternehmer.

◆ Daneben gibt es noch die *Abnahme* durch die *Baubehörde.* Diese prüft bei ihrer Abnahme, ob die öffentlich-rechtlichen Bauvorschriften eingehalten wurden. Die Abnahme gegenüber dem Bauunternehmer und die behördliche Abnahme sind voneinander unabhängig.

5.1.1 Wann muß ich abnehmen, wann kann ich die Abnahme verweigern?

◆ Die Abnahme kann man als Auftragnehmer nur wegen wesentlicher Mängel verweigern. Ein wesentlicher Mangel ist immer dann gegeben, wenn das Bauwerk von dem Vertrag soweit abweicht, daß es mit dem Vertragsinhalt nichts zu tun hat.

◆ Bei unbedeutenden Mängeln muß der Auftraggeber das Bauwerk abnehmen, er muß dann die Mängel im Abnahmeprotokoll aufnehmen.

Eine Grenzziehung, wann ein wesentlicher Mangel und wann ein unbedeutender Mangel vorliegt, kann im Einzelfall relativ schwierig sein. Solch eine Abgrenzung zu beschreiben ist schwierig und würde den Rahmen dieses Buches sprengen.

> **Expertentip:**
> Folgende Faustformel hilft weiter: Ist das Haus unbewohnbar, liegt ein wesentlicher Mangel vor. Kann man das Haus zum Wohnen nutzen, liegt ein unwesentlicher Mangel vor.

5.1.2 Abnahme bei einem VOB-Vertrag

Was ist die VOB?

Die „*Verdingungsordnung für Bauleistung*" (VOB) ist ein detailliertes Regelungswerk – kein Gesetz –, das jeder kennt, der in der Baubranche tätig ist. Die VOB wird sehr häufig beim Abschluß von Bauverträgen mit vereinbart, regelmäßig geschieht dies bei größeren Bauvorhaben. Jedoch wird die VOB oft auch dann vereinbart, wenn man als Privatmann mit einen Bauunternehmer einen entsprechenden Vertrag schließt.

Dies geschieht häufig auch deswegen, weil die VOB einige für die Bauwirtschaft interessante Regelungen enthält, so wird beispielsweise die Verjährungsfrist von der gesetzlichen Frist von fünf Jahren auf zwei Jahre ab der Abnahme verkürzt.

Diese Abweichungen der VOB von dem Gesetz erfordern aber einen Schutz des Bauherrn, der sich im Baurecht nicht auskennt.

Bei der VOB handelt es sich um Allgemeine Geschäftsbedingungen (AGB), die durch Vereinbarung Vertragsbestandteil werden. Zum Schutz des Verbrauchers reicht es daher *nicht* aus, wenn in einem Vertrag mit einem Privatmann vereinbart wird:

„Bestandteil dieses Vertrages sind die VOB/B". Die VOB wird nur dann wirksam im Vertrag vereinbart, wenn der Bauunternehmer dem Privatmann die Möglichkeit gibt, die VOB kennenzulernen.

Expertentip:
Dem Privatmann muß der gesamte Text der VOB übergeben werden. Auch im Rahmen eines notariellen Vertrages muß dem Vertragspartner die VOB zur Kenntnis gebracht werden.

Die VOB gliedert sich in drei Teile:

◆ Teil A regelt das Verfahren bei der Vergabe von öffentlichen Bauleistungen und ist daher für den Privatmann ohne Bedeutung.
◆ Teil B beinhaltet die „Allgemeinen Geschäftsbedingungen" für die Ausführung von Leistungen.
◆ Teil C enthält die allgemeinen technischen Vertragsbedingungen für die Bauleistung.

Wird der Teil B der VOB vereinbart, wird damit gleichzeitig Teil C der VOB Vertragsbestandteil.

Grundsätzlich ist das Vertragswerk der VOB sinnvoll und vernünftig. Allerdings muß man die Regelungen der VOB beachten, wenn sie entsprechend vereinbart wurden. Es ist daher wichtig, sich bei Geltung der VOB diese Regelungen übergeben zu lassen und dann entsprechend dieser Regelungen zu verfahren.

Es ist bereits darauf hingewiesen worden, daß die kurze Verjährungsfrist der VOB lediglich zwei Jahre beträgt. Diese Gewährleistungsfrist kann aber auch bei Anwendung der VOB durch abweichende Vereinbarung auf die übliche Gewährleistungsfrist für Arbeiten an einem Bauwerk auf fünf Jahre ausgeweitet werden.

Weil die Verjährungsfrist der VOB nur zwei Jahre beträgt, erleichtert die VOB aber die Unterbrechung der Verjährung. Die Verjährungsfrist wird ausnahmsweise dadurch unterbrochen, daß der Bauherr dem Bauunternehmer eine schriftliche Mängelanzeige übersendet.

5.1.3 Unterbrechung der Verjährung

Verjährung bedeutet, daß nach Ablauf einer bestimmten Frist ein Anspruch nicht mehr durchgesetzt werden kann, wenn sich der Gegner auf die Verjährung beruft. Bei Arbeiten an einem Grundstück beträgt die Verjährungsfrist ein Jahr, bei Arbeiten an Bauwerken fünf Jahre (§ 638 BGB).

Entgegen der allgemeinen Meinung wird die Verjährung nicht dadurch unterbrochen, daß man einen Anspruch gegenüber dem anderen Vertragspartner schriftlich geltend macht. Verjährungsfristen werden *regelmäßig* nur unterbrochen durch:

◆ rechtzeitige Einreichung einer Klage;
oder
◆ rechtzeitiger Einreichung eines Mahnbescheides;
oder
◆ rechtzeitige Erstellung eines Beweissicherungsantrags.

Expertentip:
Die Regelung in der VOB ist eine echte Ausnahme zugunsten des Bauherren. Aber Achtung: Diese Mängelanzeige muß innerhalb der Zwei-Jahres-Frist erfolgen, die die VOB vorsieht.

1977 wurde zum Schutz des Verbrauchers und Privatmannes das „Gesetz über das Recht der Allgemeinen Geschäftsbedingungen" geschaffen. Dieses Gesetz soll sicherstellen, daß der Verbraucher nicht durch überraschende Klauseln in den „Allgemeinen Geschäftsbedingungen" Rechtsnachteile erleidet.

Die VOB sind „Allgemeine Geschäftsbedingungen", allerdings gibt es bei der Einbeziehung der VOB Einschränkungen:

- Werden einzelne Teile der VOB/Teil B in einem Vertrag als Vertragsgegenstand vereinbart, dann können die einzelnen Vorschriften der VOB nach dem „Gesetz zur Regelung des Rechts der Allgemeinen Geschäftsbedingungen" auf ihre inhaltliche Wirksamkeit überprüft werden. Dies ist für den Bauherrn besonders bei der Gewährleistungsfrist von Bedeutung.
- Viele Bauunternehmer und Bauträger wollen in ihren Verträgen die VOB vereinbaren, damit die gesetzliche Gewährleistungsfrist von fünf Jahren des BGB auf zwei Jahre nach VOB abgekürzt wird. Dazu wird aber teilweise nicht die VOB als Ganzes vereinbart, sondern nur die kürzere Gewährleistungsfrist. Diese Regelung ist unwirksam, die fünfjährige Gewährleistungsfrist des Gesetzes kann durch die isolierte Vereinbarung der Gewährleistungsfrist der VOB/Teil B nicht abgekürzt werden.

Expertentip:
Die Vorschriften der VOB/Teil B gelten nur, soweit die VOB Vertragsbestandteil geworden ist. In Verträgen kann dies im Regelfall nur dadurch geschehen, daß die VOB als Ganzes vereinbart wird, nicht dadurch, daß lediglich einzelne Vorschriften der VOB vereinbart werden.

- Sollte zwischen den Vertragsparteien die Geltung der VOB/Teil B vereinbart sein, gibt es Besonderheiten bei der Abnahme. Denn in der VOB/B ist die Abnahme ausführlich geregelt. Danach erfolgt die Abnahme, sobald sie der Bauunternehmer verlangt, und sie ist binnen zwölf Tagen nach diesem Verlangen durchzuführen.
- Die förmliche Abnahme muß durchgeführt werden, wenn einer der Vertragspartner sie verlangt. Es ist geregelt, daß die förmliche Abnahme durch Anfertigung eines Abnahmeprotokolles mit Aufnahme der Vorbehalte wegen bekannter Mängel und Vertragsstrafen erstellt wird. Von diesem Abnahmeprotokoll erhält jede Partei eine Ausfertigung. Es wird weiter geregelt, daß

jede Partei auf ihre Kosten einen Sachverständigen hinzuziehen kann.

◆ Die Abnahme ist aber auch formlos möglich.

Wird keine Abnahme verlangt, so gilt die Leistung mit Ablauf von zwölf Tagen nach schriftlicher Mitteilung des Bauunternehmers über die Fertigstellung der Leistung als abgenommen.

Expertentip:
Auch wenn dies nicht vertraglich geregelt wurde oder wenn die VOB/B nicht vereinbart wurde, kann man jederzeit bei einer Abnahme einen Sachverständigen seiner Wahl auf eigene Kosten hinzuziehen.

Hat man schon bei einer Vorbesichtigung das Gefühl, daß bei der Abnahme Mängel festzustellen sind, so ist die Einschaltung eines Sachverständigen auf eigene Kosten durchaus empfehlenswert. Die Kosten hierfür sollte man aber mit dem Sachverständigen unbedingt vereinbaren.

Die Industrie- und Handelskammern sowie die Handwerkskammern benennen die für den jeweiligen Gerichtsbezirk bestellten und vereidigten Sachverständigen.

Besonders wichtig ist die genannte Regelung der fiktiven Abnahme: Danach gilt die Leistung des Auftragnehmers (Bauunternehmers) als abgenommen, auch wenn tatsächlich noch keine Abnahme erfolgte. Diese Abnahmefiktion gilt auch dann, wenn sich der Auftraggeber der Bedeutung dieser Mitteilung über die Fertigstellung der Leistung nicht bewußt ist.

◆ Es kommt natürlich auch vor, daß die Parteien eine förmliche Abnahme vereinbart haben, daß diese förmliche Abnahme aber aus irgendwelchen Gründen nicht zustande kommt. In diesem Fall findet eine sogenannte konkludente Abnahme statt. Konkludent bedeutet, daß aus einem tatsächlichen Verhalten auf eine Rechtsfolge geschlossen wird.

◆ Bezieht der Bauherr das Bauobjekt ohne förmliche Abnahme, so wird aus dem Bezug geschlossen, daß er das Bauobjekt abnehmen wollte. Von einer derartigen konkludenten Abnahme kann man dann sprechen, wenn seit dem Bezug des Bauobjektes eine längere Frist verstrichen ist. Als Frist kann der Zeitraum von drei Monaten nach Bezugsfertigkeit angenommen werden.

> **Expertentip:**
> Wenn man also das Objekt ohne förmliche Abnahme bezieht, dann müssen unverzüglich die festgestellten Mängel gerügt werden, oder es muß klargestellt werden, daß der Bezug des Objekts keine Abnahme darstellt.

5.2 Mängel: Wie kann ich meine Rechte wahren?

Während der Abnahme stellt man fest, daß das tatsächlich übergebene Bauobjekt von den vertraglich vereinbarten Bedingungen, Baubeschreibung, Bauplänen abweicht oder Fehler/Mängel vorhanden sind. Welche Rechte habe ich dann?

Zunächst einmal muß geklärt werden, ob überhaupt ein Baumangel vorliegt. Nach dem Gesetz liegt ein Baumangel nämlich dann vor, wenn:

- das Bauwerk nicht die vertraglich zugesicherten Eigenschaften hat;
- oder das Bauwerk mit Fehlern behaftet ist, die den Wert oder die Tauglichkeit zu dem gewöhnlichen oder nach dem Vertrag vorausgesetzten Gebrauch aufheben oder mindern (§ 633 BGB). In VOB/Teil B wird ausdrücklich geregelt, daß ein Baumangel dann vorliegt, wenn das erstellte Bauwerk den anerkannten Regeln der Technik nicht entspricht.

Beispiele für Baumängel sind:

- Abweichungen von DIN-Vorschriften, beispielsweise bei den Vorschriften für Wärmeschutz oder Schalldämmung;
- Verstoß gegen VDI-Richtlinien (Technische Empfehlung des Vereins Deutscher Ingenieure);

◆ Verstoß gegen VDE-Bestimmungen (Technische Vorschriften des Verbandes Deutscher Elektrotechniker);
◆ Abweichung der Wohnungsgröße von einer vertraglich vereinbarten Wohnungsgröße: Hier kommt es auf den Einzelfall an, teilweise wurde eine um 7 % kleinere Wohnung bereits als ein Baumangel angesehen;
◆ zu geringe Höhen in den Räumen;
◆ zu geringe Heizleistung infolge falscher Wärmebedarfsberechnung;
◆ Verstoß gegen öffentlich-rechtliche Bauvorschriften, sowohl bauordungsrechtliche Vorschriften als auch bauplanungsrechtliche Vorschriften;
◆ fehlerhafte Statikerberechnung.

Kein Mangel liegt vor:

◆ bei vorübergehender Baufeuchte;
◆ bei Fertigbauweise eines Hauses;
◆ bei Formaldehydkonzentration der Raumluft bis 0,5 ppm (umstritten);
◆ bei falscher Angabe des Baujahres eines Hauses.

5.2.1 Zugesicherte Eigenschaften

Das Gesetz unterscheidet bei den Mängeln zwischen der „zugesicherten Eigenschaft" und den „Fehlern, die den Wert oder die Tauglichkeit aufheben". Eine Eigenschaft ist immer dann zugesichert, wenn der Vertragspartner durch eine ausdrückliche Regelung im Vertrag erklärt, daß er die entsprechende Eigenschaft zusichert und für alle Folgen des Wählens dieser Eigenschaft einstehen will. Der Vertragspartner verspricht also, daß das erstellte Bauwerk mit dieser bestimmten Eigenschaft erstellt wird.

Wurde eine entsprechende Eigenschaft zugesichert, dann liegt ein Baumangel vor, wenn diese Eigenschaft fehlt.

Es kommt in diesem Fall nicht darauf an, ob aufgrund des Fehlens dieser Eigenschaft der Wert oder die Tauglichkeit des Bauobjektes beeinträchtigt ist oder nicht.

Beispiel

Der Bauunternehmer sichert zu, daß durch Einbau bestimmter Baumaterialien bestimmte niedrige K-Werte erreicht werden. Nach Fertigstellung des Objekts stellt sich heraus, daß sämtliche anerkannten Regeln der Technik einschließlich der gültigen DIN-Norm für die Wärmedämmung eingehalten wurden, aber die vom Bauunternehmer zugesicherten Wärmedurchlaßwerte (K-Werte) nicht erreicht wurden.

Obwohl das Bauwerk also nicht in seinem Wert oder in seiner Gebrauchstauglichkeit gemindert ist, liegt ein Baumangel vor, weil die vom Bauunternehmer zugesicherte Eigenschaft – Erreichung bestimmter niedriger K-Werte – nicht eingehalten wurde.

Allein wegen dieses Fehlens der zugesicherten Eigenschaft liegt also ein Baumangel vor, ohne daß es auf die Frage ankommt, ob und warum die zugesicherte Eigenschaft fehlt.

Jeder, der eine bestimmte Eigenschaft zusichert, haftet für die Folgen, die sich aus dem Fehlen ergeben, ohne Rücksicht auf ein Verschulden. Der Bauunternehmer kann sich dann nicht mit den Worten entlasten „Das habe ich nicht gewußt." oder „Das habe ich nicht gewollt."

5.2.2 Anerkannte Regeln der Bautechnik

Jeder Bauunternehmer muß die anerkannten Regeln der Bautechnik beachten und das Bauwerk nach dem jeweils neuesten Stand der Technik errichten. Ändern sich z.B. während der Errichtung eines Bauwerkes die DIN-Vorschriften und gelten diese sofort mit ihrer Veröffentlichung, so muß der Bauunternehmer diese neuen DIN-Vorschriften bei der Errichtung des Bauwerkes beachten.

Für die Frage, ob die anerkannten Regeln der Bautechnik beachtet wurden, ist nämlich der Zeitpunkt der Bauausführung und insbesondere die Abnahme des Bauwerkes maßgeblich.

Denn erst wenn das Bauwerk abgenommen wurde, ist es fertiggestellt. Und eben dieser Zeitpunkt ist bei der Frage, welche anerkannten Regeln der Technik gelten, entscheidend.

Berücksichtigt der Bauunternehmer Änderungen nicht und/oder arbeitet er mit veralteten DIN-Vorschriften, liegt ein Baumangel vor. Für diesen Baumangel haftet der Bauunternehmer.

Die Rechtsprechung hat den Begriff der anerkannten Regeln der Bautechnik wie folgt beschrieben:

◆ Bei den anerkannten Regeln der Bautechnik handelt es sich um solche technischen Regeln für den Entwurf und die Ausführung baulicher Anlagen, die in der Wissenschaft als theoretisch richtig erkannt sind und feststehen sowie in dem Kreise der nach dem neuesten Erkenntnisstand vorgebildeten Techniker durchgehend bekannt oder aufgrund fortdauernder praktischer Erfahrung als richtig und notwendig anerkannt sind (BGH).

Nunmehr ist geklärt, welche Leistungen der Bauunternehmer zu erbringen hat, und es ist auch geklärt, was ein Baumangel ist.

Wenn ein Baumangel festgestellt wurde, hat der Bauherr einen Anspruch auf die Beseitigung der Mängel.

5.3 Gewährleistung für Baumängel: Welche Rechte kann ich geltend machen?

Gemäß BGB hat der Bauherr gegenüber dem Bauunternehmer den Anspruch auf Beseitigung des Mangels. Der Bauunternehmer schuldet ein mangelfreies Werk.

Wenn dies nicht gegeben ist, kann der Bauherr die sogenannte Nachbesserung verlangen.

5.3.1 Das Verlangen nach Nachbesserung

Bei der Nachbesserung handelt es sich um die Durchführung weiterer Arbeiten an dem Bauobjekt, damit der festgestellte Fehler beseitigt wird (§ 633 BGB).

Zunächst einmal muß der Bauherr tätig werden und nach Feststellung eines Fehlers den Bauunternehmer zur Beseitigung des Mangels auffordern:

Musterbrief: Aufforderung zur Mängelbeseitigung bei mangelhaft durchgeführten Arbeiten

Otto Kurz
Wohnstraße 7

00708 Bergdorf

Tel. 06578/92131

Fix und Fertig GmbH
Hauptstr. 17

00807 Bestadt   Datum

Mängelrüge, Ihre Rechnungsnummer 4712/98

Sehr geehrte Damen und Herren,

in der Zeit vom 03.03.1998 bis 15.04.1998 haben Sie in meinem Haus, ... die Sanitärinstallation im Badezimmer durchgeführt.

Ich habe nach Fertigstellung folgende Mängel festgestellt:

1. Das von Ihnen angebrachte Waschbecken sitzt nicht fest an der Wand, sondern wackelt.
2. Die Spülung des von Ihnen gelieferten Unterputzspülkastens funktioniert nur bei jeder 4. Spülung.

Ich bitte Sie, diese Mängel bis zum 20.05.1998 zu beseitigen.
Ich bitte Sie, den Termin zur Durchführung der Mängelbeseitigung rechtzeitig mit mir abzustimmen. Dazu wäre es sinnvoll, wenn Sie mich ca. drei Tage vorher anrufen würden.
Solange diese Mängel nicht beseitigt sind, sehe ich mich leider nicht in der Lage, den von Ihnen noch geforderten Restbetrag aus Ihrer Rechnung vom 25.04.1998 zu bezahlen.

Mit freundlichen Grüßen

Unterschrift

Expertentip:
Als Bauherr muß man nicht bis zur Abnahme warten, um einen Fehler gegenüber dem Bauunternehmer zu rügen und ihn zur Nachbesserung aufzufordern. Stellt man bereits während der Bauphase einen Fehler fest, so kann man selbstverständlich den Bauunternehmer auch während der Bauphase auf diesen Fehler hinweisen und die Beseitigung fordern. Man muß also nicht bis zum Abschluß der Arbeiten oder bis zur Abnahme warten.

Wenn der Bauherr den Mängelbeseitigungsanspruch geltend macht, dann hat auf der anderen Seite der Bauunternehmer natürlich auch die Befugnis, den Mangel zu beseitigen.

Der Bauherr muß also dem Bauunternehmer die Möglichkeit einräumen, das Bauwerk nachzubessern.

Ein Bauunternehmer ist nur dann nicht verpflichtet, Nachbesserungsarbeiten durchzuführen, wenn die Beseitigung des Mangels einen unverhältnismäßigen Aufwand erfordern würde (§ 633 II 2 BGB).

Wenn die Beseitigung des Mangels tatsächlich einen unverhältnismäßigen Aufwand erfordern würde, dann bleibt dem Bauherren nichts anderes übrig, als den vorhandenen Mangel zu akzeptieren und das Bauwerk mit dem Mangel abzunehmen. Allerdings kann er dann sein Recht zur Minderung geltend machen (*siehe Minderung*).

Wenn der Bauunternehmer seiner Verpflichtung zur Nachbesserung nachkommt, dann kann allein er bestimmen, auf welche Art und Weise er den Baumangel beseitigen will. Er trägt natürlich dann auch das alleinige Risiko, daß die von ihm gewählte Methode den Baumangel tatsächlich beseitigt.

Nur im Ausnahmefall kann der Bauherr dem Bauunternehmer eine Weisung erteilen, wie der Mangel beseitigt wird.

Wie in dem Musterschreiben angedeutet, muß der Bauherr den von ihm festgestellten Mangel so genau wie möglich bezeichnen. Natürlich muß er nicht die Ursache für diesen Mangel angeben und schon gar nicht muß er konkret die Arbeiten angeben, die zur Mängelbeseitigung erforderlich sind. Dies ist ja gerade Aufgabe des Bauunternehmers, die erforderlichen Arbeiten festzustellen.

5.3.2 Nachbesserung und Werklohn

Im Regelfall wird der Bauherr zum Zeitpunkt der Abnahme die Rechnung des Bauunternehmers noch nicht in voller Höhe gezahlt haben. Der Werklohnanspruch des Bauunternehmers ist erst fällig, wenn die Abnahme erfolgt ist.

Der Bauunternehmer ist also vorleistungspflichtig und bekommt erst sein Geld, wenn er das Bauwerk mangelfrei erstellt hat.

Expertentip:
Nehmen Sie sich als Bauherr vor allzu hohen Abschlagszahlungen in acht und zahlen Sie nicht schon vor der Abnahme den gesamten Werklohn des Bauunternehmers.

Wenn nämlich ein entsprechender Mangel festgestellt wird, dann hat der Bauherr ein Zurückbehaltungsrecht an dem noch nicht gezahlten Teil des Werklohns.

Wie hoch die zurückzubehaltende Summe ist, richtet sich nach dem festgestellten Baumangel.

Expertentip:
Der Bauherr darf die dreifache Summe der geschätzten Nachbesserungskosten zurückbehalten.

Als Bauherr sollte man sich in diesem Punkt schon einmal kundig machen, ggf. einen Fachmann vorab fragen und Informationen über die möglichen Kosten der Mängelbeseitigung einholen. Denn sonst kann es sein, daß man einen zu hohen Betrag zurückbehält.

Bei den Kosten für die Mängelbeseitigung sind nicht nur die Arbeitskosten zu berücksichtigen, sondern auch sämtliche Transport- und Materialkosten.

Auch bei Vereinbarung der VOB/Teil B gelten die gleichen Grundsätze wie beim Werkvertrag nach dem BGB. Beseitigt der Bauunternehmer den Mangel, ist alles in Ordnung.

Der Bauunternehmer erscheint nicht zur Mängelbeseitigung

Was ist aber, wenn der Bauunternehmer innerhalb der gesetzten Frist nicht zur Mangelbeseitigung erscheint oder trotz eines Nachbesserungsversuchs den Mangel nicht beseitigen kann?

Dann möchte man als Bauherr natürlich am liebsten den Mangel selbst beseitigen oder von einer anderen Firma beseitigen lassen. Hier gibt es die Möglichkeit, die Mängelbeseitigung durch einen anderen Unternehmer durchführen zu lassen.

Bevor man diese Arbeiten aber von einem anderen Unternehmer durchführen läßt, muß der Bauunternehmer in Verzug sein. Dabei ist zu beachten:

◆ die Aufforderung zur Mängelbeseitigung;
◆ die Anmahnung der Mängelbeseitigung, damit der Bauunternehmer in Verzug ist;
◆ die Ankündigung, den Mangel durch einen anderen Unternehmer beseitigen zu lassen.

Musterbrief: Fristsetzung mit Androhung der Ersatzvornahme

Otto Kurz
Wohnstraße 7

00708 Bergdorf

Tel. 06578/92131

Fix und Fertig GmbH
Hauptstr. 17

00807 Bestadt   Datum

Meine Mängelrüge vom 03.05.1998

Sehr geehrte Damen und Herren,

in obiger Angelegenheit habe ich Sie mit Schreiben vom 03.05.1998 darüber informiert, daß bei den von Ihnen durchgeführten Arbeiten verschiedene Mängel aufgetreten sind.

Die Mängel habe ich Ihnen bereits beschrieben, vorsorglich wiederhole ich sie hier noch einmal:

1. Das von Ihnen angebrachte Waschbecken sitzt nicht fest an der Wand, sondern wackelt.
2. Die Spülung des von Ihnen gelieferten Unterputzspülkastens funktioniert nur bei jeder 4. Spülung.

Ich hatte Ihnen in meinem oben genannten Schreiben eine Frist zur Beseitigung der Mängel bis zum 20.05.1998 gesetzt. Leider ist bis zu diesem Tag keiner von Ihren Mitarbeitern erschienen, um den Mangel zu beseitigen. Auch haben Sie sich mit mir telefonisch nicht in Verbindung gesetzt, um die Mängelbeseitigung abzusprechen.

Ich fordere Sie daher letztmalig auf, bis zum 15.06.1998 die oben aufgeführten Mängel vollständig zu beseitigen.

Ich weise Sie darauf hin, daß Sie nach Ablauf der Frist in Verzug sein werden.

Sollte die Mängelbeseitigung nicht fristgerecht erfolgen, so werde ich die Mängel durch eine andere Firma beseitigen lassen. Die mir dabei entstehenden Kosten werde ich dann Ihnen gegenüber geltend machen.

(Oder, wenn die Rechnung noch nicht vollständig bezahlt ist:)

Die mir dabei entstehenden Kosten werde ich von Ihrer Rechnung in Abzug bringen.

Mit freundlichen Grüßen

Unterschrift

Expertentip:
Die Kosten der Mängelbeiseitigung kann man gegenüber dem Bauunternehmer nur dann geltend machen, wenn der Bauunternehmer mit der Beseitigung des Mangels in Verzug ist.

Natürlich gibt es auch Ausnahmen, also Fälle, in denen eine Fristsetzung nicht erforderlich ist. Eine Fristsetzung ist dann nicht notwendig, wenn:

◆ die Beseitigung des Mangels objektiv unmöglich ist;
◆ der Bauunternehmer behauptet, daß das Bauwerk mangelfrei ist und kein Baumangel vorliege;
◆ ein Bauunternehmer wiederholt vergeblich versucht hat, den Mangel zu beseitigen.

Diese Ausnahmefälle sind aber eng begrenzt. Ob in dem betreffenden Fall eine Ausnahmeregel gegeben ist, kann man im Vorfeld als Laie nur schwer beurteilen.

Ohne sachkundigen Rat sollte man daher die Mängelbeseitigung nicht in Auftrag geben und im Zweifel immer den Bauunternehmer mit einer Fristsetzung in Verzug setzen. Mit dieser Verfahrensweise gehen Sie auf Nummer Sicher.

Expertentip:
Diese Fristsetzung muß natürlich dem Bauunternehmer auch zugehen. Es empfiehlt sich daher, ein entsprechendes Schreiben nicht mit einfachem Brief zu übersenden. Damit man den Nachweis eines Zugangs hat, übersendet man den Brief zumindest als Einschreiben mit Rückschein oder man läßt sich den Empfang des Briefes durch die Gegenseite bestätigen.

Wenn nun die entsprechende Fristsetzung erklärt wurde, kann man auf Kosten des Bauunternehmers die Mängel beseitigen.

Zu den Kosten, die dann für die Mängelbeseitigung erforderlich sind, gehören:

- die Kosten für die Beseitigung des Mangels selbst;
- die Kosten für die Suche nach der Ursache;
- die Arbeitsleistung des Bauherren zur Mängelbeseitigung;
- bei größeren Schäden auch die Kosten für einen Architekten, der die Mängelbeseitigung überwacht.

Nun ist nicht jeder Bauherr in der Lage, die teilweise hohen Kosten für die Beseitigung eines Mangels vorzufinanzieren. Gerade wenn man sich in der Bauphase befindet und die Errichtung des Bauwerkes oder Durchführung der Arbeiten finanziert hat, wird man nicht in der Lage sein, die Kosten für die Beseitigung des Mangels vorzufinanzieren. In diesem Fall hat man als Bauherr jedoch einen Anspruch gegen den Bauunternehmer auf Zahlung eines Vorschusses.

Hinweis

Wenn der Bauherr die Mängel durch einen anderen Unternehmer beseitigen läßt, ohne daß der Bauunternehmer in Verzug ist, hat er keinen Anspruch auf Ersatz der Kosten für die Mängelbeseitigung.

Der Vorschuß für die Mangelbeseitigung – gerichtliche Hilfe

Man kann vom Bauunternehmer einen Vorschuß in Höhe der voraussichtlichen Kosten für die Mängelbeseitigung verlangen. Die voraussichtlich entstehenden Kosten weist man entweder durch einen Kostenvoranschlag eines anderen Unternehmers oder durch ein Sachverständigengutachten nach.

In vielen Fällen wird ein Bauunternehmer jedoch nicht bereit sein, den entsprechenden Vorschuß freiwillig zu zahlen, weil er etwa das Vorhandensein des Mangels bestreitet oder behauptet, daß die geltend gemachten Kosten für die Mängelbeseitigung viel zu hoch seien oder ähnliches. In diesem Fall muß man vor Gericht auf Zahlung des Vorschusses klagen.

Auch bei Vereinbarung der VOB ist ein Kostenerstattungsanspruch des Bauherren geregelt. VOB/Teil B regelt, daß der Bauherr die Mängel auf Kosten des Bauunternehmers beseitigen lassen kann, wenn der Bauunternehmer der Aufforderung zur Mängelbeseitigung in einer vom Bauherrn gesetzten angemessenen Frist nicht nachkommt.

Dieser Kostenerstattungsanspruch setzt zwar keinen Verzug voraus, es empfiehlt sich jedoch, auch bei diesem Vertrag entsprechend zu verfahren. Darüber hinaus regelt die VOB in Teil B, in welchen Fällen der Bauherr einen Kostenvorschußanspruch für die Beseitigung der Mängel hat.

Dem Bauherrn steht ein Kostenvorschußanspruch *nicht* zu, wenn sein Interesse auf Sicherstellung der Kosten für die Mängelbeseitigung bereits gedeckt ist. Wenn der Werklohn noch nicht vollständig bezahlt wurde und die Mängelbeseitigungskosten den dem Unternehmer an sich zustehenden Restwerklohn nicht übersteigen, kann der Bauherr keinen Vorschuß fordern.

Wichtig ist immer, daß man im Fall eines Prozesses das Vorhandensein des Baumangels beweist. Dies geschieht am besten durch ein Sachverständigengutachten; es stellt sich die Frage, wie ein derartiges Gutachten eingeholt wird.

5.4 Selbständiges Beweisverfahren – wie man sein Recht als Bauherr durchsetzt

Das Gesetz gibt die Möglichkeit, für einen eventuellen Streitfall durch Einholung eines vom Gericht beauftragten Sachverständigen die Ursachen für den festgestellten Baumangel feststellen und auch die Kosten für die Beseitigung des Baumangels beziffern zu lassen.

Expertentip:
Beauftragen Sie keinen Gutachter ohne Einschaltung des Gerichts. Wenn man einen Sachverständigen mit der Begutachtung des Mangels beauftragt, dann hat dieses Gutachten nicht die Beweiskraft, die ein Gutachten eines vom Gericht bestellten Sachverständigen hat. Das selbst in Auftrag gegebene Gutachten ist nichts anderes als ein sogenanntes Privatgutachten. Im Streitfall kann der Gegner leichter die Feststellungen des „Privatgutachters" in Zweifel ziehen. Die Folge ist, daß das Gericht dann doch einen Gutachter beauftragen muß, der dieses Privatgutachten und die Argumente des Gegners überprüft.

In Baustreitigkeiten fährt man daher immer auf der sicheren Seite, wenn man alsbald nach Verzug oder erfolglosen Mängelbeseitigungsversuchen das selbständige Beweisverfahren in die Wege leitet. Dieses Verfahren ist in der Zivilprozeßordnung (§ 485 ff ZPO) geregelt.

Dazu ist es erforderlich, daß man bei Gericht einen entsprechenden Antrag stellt, in dem – wie bei einer Klageschrift – alle notwendigen Angaben für einen Prozeß gemacht werden.

◆ Statt eines Antrags auf Zahlung einer Geldsumme wird beantragt, daß das Gericht einen Sachverständigen beauftragt, der das Bauwerk auf die bestimmten, in der Antragsschrift benannten Mängel untersucht, die Ursachen feststellt, Vorschläge zur Mängelbeseitigung unterbreitet und möglicherweise auch die Kosten der Mängelbeseitigung beziffert.

◆ Dieser Antrag wird der Gegenseite zur Stellungnahme zugesandt. Danach erläßt das Gericht nach Überprüfung einen Beweisbeschluß, in dem ein Sachverständiger mit der Begutachtung der genau bezeichneten Mängel beauftragt wird.

◆ In dem Antrag kann man den Sachverständigen schon selbst mit Namen und Anschrift benennen.

◆ Der Sachverständige wird dann sowohl den Bauherrn als auch den Bauunternehmer zu einem Besichtigungstermin laden, die erforderlichen Feststellungen treffen, und dann das Ergebnis in einem schriftlichen Gutachten niederlegen.

◆ Da bei diesem selbständigen Beweissicherungsverfahren dem Gegner rechtliches Gehör gewährt und das Verfahren über das Gericht eingeleitet bleibt, hat ein derartiges Beweissicherungsgutachten eine viel stärkere Beweiskraft in einem Prozeß als ein Privatgutachten.

Expertentip:
Trotz der erheblichen Kosten für einen Sachverständigen (zwischen 2.000 bis 10.000 DM) ist ein derartiges selbständiges Beweisverfahren bei rechtlichen Auseinandersetzungen über Mängel immer zu empfehlen.

5.5 Minderung und Wandlung – weitere Rechte des Bauherren

Neben der Möglichkeit, seine Rechte auf Nachbesserung und Mängelbeseitigung durchzusetzen, gewährt das BGB dem Bauherrn
noch weitere Rechte.

Es kann sein, daß ein Mangel nicht beseitigt werden kann oder
daß sich der Bauunternehmer zu Recht auf die Regelung des § 633
Abs. 2 Satz 3 BGB beruft, wenn die Beseitigung des Mangels einen
unverhältnismäßigen hohen Aufwand erfordert. Wenn in diesen
Fällen dem Bauherrn der Anspruch auf Beseitigung der Mängel ver-
sagt wird, hat der Bauherr andere Rechte.

Als Bauherr kann man die Rechte der Minderung und Wandlung
dann in Anspruch nehmen, wenn der Bauunternehmer mit der Beseitigung eines Mangels im Verzug ist. Voraussetzung für Wandlung und Minderung ist, daß dem Bauunternehmer eine sogenannte Fristsetzung mit Ablehnungsandrohung übersandt wird. Diese
Fristsetzung mit Ablehnungsandrohung ist nichts anderes als die
letzte Warnung für den Bauunternehmer, die Mängel beseitigen zu
lassen.

5.5.1 Fristsetzung mit Ablehnungsandrohung

Die Fristsetzung mit Ablehnungsandrohung erfordert ein eindeuti-
ges unmißverständliches Schreiben an den Bauunternehmer, in dem
der Mangel konkret bezeichnet wird und in dem erklärt wird, daß
nach Ablauf der Frist eine Nachbesserung und Mängelbeseitigung
nicht mehr in Betracht kommt, sondern daß dann die gesetzlichen
Gewährleistungsvorschriften greifen Als Beispiel folgender Text:

Musterbrief: Fristsetzung mit Ablehnungsandrohung

Hans-Otto Kurz
Wohnstr. 7

00708 Bergdorf

Tel. 06578/92131

Fix und Fertig GmbH
Hauptstr. 17

00807 Bestadt   Datum

Bauvorhaben Haus Wohnstr. 7 – meine Mängelbeseitigungsaufforderung und Fristsetzung vom 01.06.1998

Sehr geehrte Damen und Herren,

in obiger Angelegenheit hatte ich Sie mit Schreiben vom 01.06.1998 letztmalig aufgefordert, bis zum 15.06.1998 die nachfolgend bestehenden Mängel vollständig zu beseitigen.
Es handelt sich im einzelnen um folgende Mängel:

1. Das von Ihnen angebrachte Waschbecken sitzt nicht fest an der Wand, sondern wackelt.
2. Die Spülung des von Ihnen gelieferten Unterputzspülkastens funktioniert nur bei jeder 4. Spülung.

Eine Mängelbeseitigung ist bis zum heutigen Tage nicht erfolgt. Ich setze Ihnen nunmehr eine letzte Frist zur Beseitigung des Mangels bis zum 14.07.1998. Sollten die Mängel bis zu diesem Zeitpunkt nicht beseitigt werden, muß ich die Mängelbeseitigung durch Sie ablehnen und Ihnen gegenüber die mir zustehenden gesetzlichen Gewährleistungsansprüche (§§ 634 ff BGB) geltend machen.

Mit freundlichen Grüßen

Unterschrift

Bei dieser Fristsetzung mit Ablehnungsandrohung muß man beachten, daß man der Gegenseite eine angemessene Frist setzt. Setzt
man eine zu kurz bemessene Frist, ist die Rechtsprechung der Auf-
fassung, daß dann eine angemessene Frist in Lauf gesetzt wird, binnen derer der Bauunternehmer sich noch um die Beseitigung des
Mangels bemühen kann.

Fristen sollten bei Mängeln am Bau nie unter zwei Wochen gesetzt werden, eine Frist von vier Wochen dürfte angemessen sein.
Man muß berücksichtigen, daß die Mängelbeseitigung vom Bauunternehmer eingeplant werden muß.

Diese Fristsetzung ist nicht notwendig, wenn die auf *Seite 153*
(Mängelbeseitigung) beschriebenen Fälle vorliegen. Aber auch diese Ausnahmefälle sind begrenzt, und im Zweifel sollte hier Rechtsrat eingeholt werden.

Bei der Fristsetzung mit Ablehnungsandrohung muß man im
Vorfeld gut überlegen, ob man auf die Gewährleistungsrechte Minderung und Wandlung übergeht.

Wenn man diese gesetzlichen Gewährleistungsrechte geltend
macht, hat man gegen den Bauunternehmer keinen Anspruch mehr
auf Nachbesserung (Mängelbeseitigung) und keinen Kostenerstattungsanspruch mehr, um den Mangel beseitigen zu lassen.

Wenn man z.B. von dem Bauunternehmer Minderung verlangt,
dann ist es Sache des Bauherren, sich um die Beseitigung des Mangels zu kümmern.

5.5.2 Minderung

Minderung ist die Herabsetzung der Vergütung, die man an den
Bauunternehmer zu zahlen hat. Der Minderwert wird nach folgender Formel errechnet:

$$\frac{\text{Mangelfreier Wert}}{\text{mangelhafter Wert}} = \frac{\text{vereinbarter Werklohn}}{\text{x (geminderter Werklohn)}}$$

Maßgeblich für die Feststellung des Minderwertes ist der Zeitpunkt
der Mangelfeststellung oder der Abnahme. Zwei Beispiele:

◆ Ist im Vertrag über die Errichtung eines Wintergartens eine bestimmte Mindestgröße schriftlich fest vereinbart worden und ergibt sich nach der Abnahme, daß die vertraglich vereinbarte Größe des Wintergartens nicht erreicht wurde, sondern daß der Wintergarten erheblich kleiner ist, so errechnet sich die Minderung nach dem qm-Preis, der sich aus der vertraglich vorgesehenen Gesamtfläche des Wintergartens und dem vereinbarten Gesamtpreis für den Wintergarten errechnet.

◆ Es kann natürlich auch sein, daß die gesamte Bauleistung vollständig unbrauchbar ist (z.B. ist das ausgebaute Dachgeschoß nicht regendicht). In diesem Fall kann es auch passieren, daß sich bei der unbrauchbaren Bauleistung die Werklohnforderung des Bauunternehmers auf Null mindert.

Minderung bei Arbeiten nach VOB-Vertrag

Auch wenn VOB/Teil B vereinbart wurde, besteht für den Bauherrn ein Minderungsrecht.

Die Minderung ist in folgenden Fällen gegeben:

◆ Wenn die Mangelbeseitigung unmöglich ist. Dies ist dann der Fall, wenn weder der Bauunternehmer noch irgendein anderer Unternehmer in der Lage ist, den auftretenden Mangel zu beseitigen.

◆ Ein weiterer Fall für eine Minderung ist gegeben, wenn die Beseitigung des Mangels einen unverhältnismäßig hohen Aufwand erfordern würde. Dies ist dann der Fall, wenn die Kosten für die Mangelbeseitigung in keinem Verhältnis zu den ausgeführten Arbeiten stehen, wenn also der Erfolg minimal ist.

◆ Eine Minderung ist auch möglich, wenn die Beseitigung des Mangels für einen Bauherrn unzumutbar ist.

Eine Minderung ist nicht möglich, wenn die Mängel auf folgende Ursachen zurückzuführen sind (§ 13 Ziffer 6 VOB/Teil B):

◆ auf die Leistungsbeschreibung;
◆ auf Anordnungen des Bauherrn;
◆ vom Bauherrn gelieferte oder vorgeschriebene Stoffe;

◆ oder auf Bauteile oder auf die Beschaffenheit der Vorleistung anderer Unternehmer.

5.5.3 Wandlung

Ein anderer Gewährleistungsanspruch ist die Wandlung. Darunter versteht man die Rückabwicklung des Vertrages. Dies bedeutet:

◆ Die geleisteten Zahlungen müssen vom Bauunternehmer zurückerstattet werden, der Bauherr muß die vom Bauunternehmer erbrachten Leistungen zurückgeben. Eine Wandlung ist daher nicht in jedem Fall möglich. Grundsätzlich ist auch bei Abschluß von Bauverträgen nach dem BGB eine Wandlung möglich, wenn ein Bauwerk vom Bauunternehmer errichtet werden soll. Allerdings kann die Rückabwicklung einigermaßen schwierig sein.

◆ Eine Wandlung ist beispielsweise dort nahezu ausgeschlossen, wo der Bauunternehmer Materialien in ein Bauwerk einbringt, z.B. bei der Sanierung von Sanitärinstallationen. Dies berücksichtigt das Gesetz, in dem es ausdrücklich anordnet, daß eine Wandlung dann ausgeschlossen ist, wenn der vorhandene Mangel den Wert oder die Tauglichkeit des Werkes nur unerheblich mindert.

> **Expertentip:**
> In Bauverträgen nach VOB ist die Wandlung ausgeschlossen.

Etwas anderes gilt nur beim *Bauträgervertrag,* d.h., wenn in dem Vertrag zugleich der Kauf eines Grundstücks und die Verpflichtung des Bauunternehmers vereinbart wurden, auf dem Grundstück ein Bauwerk zu errichten. In diesen Fällen ist eine Wandlung durchaus denkbar, denn nach der Rückabwicklung des Vertrages kann ja das Haus weiter veräußert werden.

5.5.3 Schadensersatz wegen Nichterfüllung

Ein weiteres Recht, das dem Bauherrn im Rahmen der Gewährleistungsansprüche gegeben wird, ist die Forderung nach Schadensersatz wegen Nichterfüllung. Der Bauherr kann statt der Wandlung oder Minderung auch Schadensersatz wegen Nichterfüllung verlangen, wenn der festgestellte Mangel vom Bauunternehmer zu vertreten ist, wenn er ihn also verschuldet hat (§ 635 BGB).

Unter bestimmten Umständen hat der Bauherr also ein Wahlrecht und kann sich das Recht aussuchen, das für ihn am günstigsten ist.

Expertentip:
Bevor man irgendwelche Rechte durchsetzt, sollte man sorgfältig prüfen, welches Recht (Wandlung, Minderung oder Schadensersatz) das günstigste ist.

Zwischen Wandlung, Minderung und Schadensersatz hat der Bauherr das Wahlrecht, bis die Wandlung oder die Minderung vollzogen wurde, bis der Schadensersatzanspruch anerkannt wurde oder bis ein Gericht ihm einen der Gewährleistungsansprüche rechtskräftig zugesprochen hat. Man kann also auch noch während eines Prozesses zwischen den Ansprüchen wählen.

Welches sind die Voraussetzungen für einen Schadensersatzanspruch?

◆ Da der Schadensersatzanspruch statt der Wandlung oder Minderung besteht, müssen also zunächst einmal die Voraussetzungen für Wandlung und Minderung gegeben sein. Insbesondere ist natürlich eine Fristsetzung mit Ablehnungsandrohung erforderlich. Damit ist man immer auf der sicheren Seite. Zwar gibt es Ausnahmen, doch man sollte sich im Vorfeld nicht darauf verlassen, daß später einmal das Gericht eine derartige Ausnahme anerkennt. Daher: Immer eine Fristsetzung mit Ablehnungsandrohung aussprechen.

◆ Weiterhin muß das Werk auch abgenommen sein, dies ergibt sich aus § 640 BGB.

◆ Außerdem muß ein Schaden verursacht worden sein. Ein Schaden ist jede nachteilige Veränderung, die an dem Bauwerk oder anderen Rechtsgütern selbst entstanden ist. Hierbei sei nur kurz darauf verwiesen, daß man zwischen den sogenannten unmittelbaren Schäden – Schäden an dem Objekt selbst – und den sogenannten mittelbaren Schäden unterscheidet. Die Kosten für die Instandsetzung und die Wiederherstellung des mangelfreien Zustands sind unmittelbare Schäden. Sonstige Einbußen wie z.B. entgangener Gewinn oder Mietzins sind sogenannte mittelbare Schäden. Hier sind nur die unmittelbaren Schäden gemeint.

◆ Ist durch den Mangel der Verkaufswert des Bauwerkes objektiv herabgesetzt worden (sogenannter merkantiler Minderwert), so stellt auch dieser Minderwert einen Schaden dar.

◆ Der Schaden muß vom Unternehmer „verschuldet sein". Der Bauunternehmer ist vertraglich verpflichtet, ein mangelfreies vertragsgemäßes Bauwerk rechtzeitig herzustellen. In dem Zusammenhang ist er auch verpflichtet, die anerkannten Regeln der Baukunst zu beherrschen und auch die neuesten technischen Entwicklungen zu kennen und zu beachten. Verstößt der Bauunternehmer gegen diese Verpflichtung, so muß überprüft werden, ob er vorsätzlich oder fahrlässig gegen seine Verpflichtungen verstoßen hat.

Beispiel

Ein Bauunternehmer kann sich nicht darauf berufen, daß er eine bestimmte DIN-Vorschrift, die für sein Bauwerk einschlägig ist, nicht kannte. Es kommt in diesem Zusammenhang nicht auf die subjektive Kenntnis des Bauunternehmers, sondern auf die objektive Kenntnis an, d.h. die Rechtsprechung prüft, wie ein sorgfältiger Bauunternehmer unter Berücksichtigung der Gesamtumstände das Bauwerk errichtet hätte.

◆ Die Folge eines Schadensersatzanspruches ist die Entschädigung in Geld. Die Höhe eines Schadensersatzanspruches wird im Zweifelsfall unter Zuhilfenahme von Sachverständigengutachten durch das Gericht ermittelt.

Im Rahmen des Schadensersatzanspruchs sei noch auf eine Besonderheit hingewiesen:

◆ Wenn ein Bauwerk abgenommen wird und ein Mangel bei Abnahme des Bauwerkes festgestellt wird, dann muß der Bauherr sich seine Rechte auf Nachbesserung, Minderung oder Wandlung ausdrücklich vorbehalten, wenn er das mangelhafte Bauwerk abnimmt (§ 640 Abs. 2 BGB).

◆ Diese Voraussetzung ist beim Schadensersatzanspruch nicht erforderlich. Schadensersatzansprüche kann man auch dann gegenüber dem Bauunternehmer geltend machen, wenn man trotz Kenntnis bestehender Baumängel das Bauwerk abgenommen hat.

Hinweis zum Schadensersatzanspruch, sogenannte *Sowieso-Kosten:*

◆ Im Rahmen der Feststellung der Mängel und erforderlichen Kosten für die Mängelbeseitigung, die man ja als Schadensersatzanspruch auch geltend machen kann, wird oft festgestellt, daß bei sachgerechter Ausführung des Bauwerkes der Bauunternehmer einen teureren Weg zur Erstellung des Bauwerkes hätte wählen müssen.

◆ Hätte also der Bauunternehmer fachgerecht gebaut, dann wäre das Bauwerk „sowieso" teurer geworden.

◆ Diese sogenannten Sowieso-Kosten muß ein Bauherr auf jeden Fall tragen; und sie werden im Rahmen eines Schadensersatzanspruchs berücksichtigt. Ein Schadensersatzanspruch kann daher um diese Kosten gekürzt werden.

Beispiel

Der Bauunternehmer erhält den Auftrag, einen Keller einschließlich Sohle und Kellerdecke zu errichten. Zu seinen Verpflichtungen gehört auch die Einhaltung der entsprechenden DIN-Vorschriften, durch die das Eindringen von Feuchtigkeit in den Keller vermieden werden soll. Es wäre im Beispielsfall fachgerecht, den Keller mit einer Schweißbahn, einer Sickerplatte, einem Filtervlies und einem Drain-System (Abwasserführung um das Haus herum) gegen Wasser abzudichten. Der Bauunternehmer vergißt jedoch das Anlegen der Drainage und das Anbringen von Sickerplatte und Filtervlies. Nunmehr dringt Wasser in das Haus ein, weil die Schweißbahn nicht ordnungsgemäß verlegt wurde. Im Zuge der Mängelbeseitigung wird festgestellt, daß die zusätzlichen Leistungen (Sickerplatte, Filtervlies und Drainage) zur fachgerechten Arbeit dazugehört hätten. Im Rahmen der Kostenverteilung für die Mängelbeseitigung muß der Bauherr die Kosten für Sickerplatte, Filtervlies und Drainage auf jeden Fall tragen, denn diese Kosten waren ja von vornherein bei fachgerechter Errichtung des Kellers erforderlich.

Folgende Schäden sind beispielsweise ersetzbar

- Kosten für die Beseitigung des mißlungenen Werkes;
- Kosten für einen Gutachter, der die Mängel und Möglichkeiten der Mangelbeseitigung klärt;
- Kosten eines selbständigen Beweisverfahrens;
- Nutzungsausfall eines Kraftfahrzeugabstellplatzes für den Erwerber einer Eigentumswohnung;
- Feuchtigkeitsschäden als Folge fehlerhafter Sanierungsarbeiten;
- Prozeßkosten, weil zunächst ein falscher Baubeteiligter fälschlicherweise verklagt wird.

5.6 Verjährungsfrist – wie lange kann ich meine Rechte nach dem BGB geltend machen?

Mit der Durchsetzung seiner Ansprüche kann der Bauherr nicht beliebig lange warten.

Irgendwann verjähren einmal alle Ansprüche, die man als Bauherr gegen einen Bauunternehmer haben kann. Aufgrund der Mängel hat der Bauherr gegen den Bauunternehmer einen Anspruch, diese Mängel beseitigen zu lassen. Nach Ablauf von Fristen, den sogenannten *Verjährungsfristen,* die im Gesetz im einzelnen geregelt sind, kann der Bauunternehmer die Beseitigung der Mängel ablehnen und sich auf die *Einrede der Verjährung* berufen.

Der Anspruch eines Bauherrn bzw. Erwerbers auf Beseitigung eines Mangels an einem Bauwerk, der Kostenerstattungsanspruch des Bauherrn wegen der Nachbesserungskosten sowie die Ansprüche des Bauherrn gegen den Bauunternehmer auf Wandlung, Minderung und Schadensersatz verjähren:

◆ generell in sechs Monaten;
◆ bei Arbeiten an einem Grundstück in einem Jahr;
◆ bei Arbeiten an einem Bauwerk in fünf Jahren.

Die Verjährung beginnt immer mit der Abnahme des Werkes (§ 638 BGB). Wann welche Frist gilt, kann im einzelnen umstritten sein.

◆ *Sechsmonatige Verjährungsfrist:* Diese Verjährungsfrist gilt bei beweglichen Gegenständen, teilweise auch dann, wenn sie fest mit einem Gebäude verbunden sind. Beispiele:
  ◆ Sonnenmarkise;
  ◆ Lichterreklamen;
  ◆ Montage einer Alarmanlage im Wohnhaus.

◆ *Einjährige Verjährungsfrist:* Grundsätzlich bei Arbeiten an einem Grundstück, z.B.:
  ◆ Ausschachtungsarbeiten, Drainagearbeiten;
  ◆ nachträglich auf einem fertigen Wohnhaus verlegte Dachterrasse;
  ◆ Hausanstrich, bei dem nur die Fassade verschönert wird.

◆ *Fünfjährige Verjährungsfrist:* Diese fünfjährige Verjährungsfrist gilt bei Bauwerken und umfaßt Neu-, Auf-, Um-, Anbauten, Hoch- und Tiefbauten. Solche „Bauwerke" liegen vor bei:
  ◆ Einbau von Zentralheizung;
  ◆ Einbau von Aufzügen;
  ◆ unter Umständen auch in die Erde eingelassenes Schwimmbecken, Dachreparatur, Einbau einer Decke;
  ◆ bei Architektenplanungen;
  ◆ bei Leistungen eines Statikers.

Dies ist nur ein kleiner Überblick. Im Zweifel muß die Verjährungsfrist im Einzelfall genau geprüft werden.

◆ Ausnahmsweise greift aber auch eine *30jährige Verjährungsfrist* ein und zwar dann, wenn ein Bauunternehmer einen aufgetretenen Mangel arglistig verschwiegen hat (§§ 638, 195 BGB).

Wann liegt Arglist vor?

Für die Arglist ist keine betrügerische Absicht des Bauunternehmers erforderlich, sondern nur der „bedingte Vorsatz". Es reicht für die Annahme der Arglist aus, daß der Bauunternehmer den Fehler kennt oder mit seinem Vorhandensein rechnet. Ferner muß er auch wissen oder damit rechnen, daß dem Bauherrn der Fehler unbekannt ist.

Beispiel

In der Leistungsbeschreibung ist vorgeschrieben, daß in eine Betonwand eine bestimmte Stahlstärke eingebaut wird. Dies ist zur Erreichung der Statik erforderlich. Der Bauunternehmer stellt fest, daß der Stahllieferant jedoch teilweise dünnere Stahlstäbe geliefert hat, die in die Mauer eingebaut wurden. Der Einbau der dünneren Stahlstäbe geschah nicht absichtlich, sondern fahrlässig. Gleichwohl liegt ein Mangel vor, weil die Statik nicht mehr stimmt. Der Bauunternehmer kennt den Fehler oder hält ihn aufgrund seiner nachträglichen Feststellung für möglich.

Im Einzelfall wird es allerdings schwierig sein, dem Bauunternehmer dieses „arglistige Verhalten" nachzuweisen. Man sollte auf keinen Fall hoffen, daß man den Nachweis der „Arglist" führen kann, sondern immer auf Nummer Sicher gehen und die kürzeren Verjährungsvorschriften des § 638 BGB beachten.

◆───────────────────────────◆
Expertentip:
Die kurzen Verjährungsfristen gelten für jeden Mangel, egal ob man ihn sieht oder nicht!
◆───────────────────────────◆

5.7 Die Verjährung nach dem VOß-Vertrag

Wenn mit dem Bauunternehmer ein Vertrag abgeschlossen wurde, bei dem die VOB/Teil B Geltung hat, dann ist die Verjährungsfrist kürzer. Gemäß § 13 Nr. 4 VOB/Teil B beträgt die Verjährungsfrist:

* *ein Jahr*
    * für Arbeiten an einem Grundstück;
    * für die vom Feuer berührten Teile von Feuerungsanlagen.
* *zwei Jahre*
    * für Bauwerke;
    * für Holzerkrankungen.

Die Verjährungsfrist ist bei Vereinbarung der VOB/Teil B also deutlich kürzer. Nach der Rechtsprechung kann die kurze Verjährungsfrist (§ 13 Ziffer 4 VOB/Teil B) nicht allein ohne die anderen Bestimmungen der VOB/Teil B vereinbart werden. Der Bauunternehmer darf also nicht nur diese für ihn günstige Regelung allein vereinbaren, den Rest jedoch nicht. Geschieht dies doch, so kann der Bauunternehmer sich nicht auf die kurze Verjährungsfrist berufen, sondern es gilt dann die Regelung des BGB. Auch hier gilt:

* Die Verjährungsfrist beginnt mit der Abnahme.
* Die kurze Verjährungsfrist gilt nicht, wenn der Bauunternehmer einen Mangel arglistig verschwiegen hat.

> **Expertentip:**
> Achten Sie bei Vereinbarung der VOB/Teil B darauf, daß Ihre Gewährleistungsrechte nicht verjähren.

5.7.1 Unterbrechung der Verjährung

Nun kommt es häufiger vor, daß man einen Mangel nicht sofort erkennt, daß er bei der Abnahme nicht ersichtlich ist. Dieser Mangel tritt möglicherweise nach Jahren auf. Dann muß man darauf achten, daß man die Verjährung rechtzeitig unterbricht.

Hier ist wichtig zu wissen:

1. Die Verjährungsfristen gelten für jeden Mangel am Bauwerk, egal ob er erkennbar oder versteckt ist.
2. Entgegen einer weitverbreiteten Meinung wird die Verjährung grundsätzlich nicht dadurch unterbrochen, daß man gegenüber dem Bauunternehmer den Mangel schriftlich anzeigt und ihn rügt. Dies ist nur ausnahmsweise der Fall.

Zunächst einmal wird ein Zeitraum, während dessen die Verjährung gehemmt ist, in die Verjährungsfrist nicht eingerechnet (§ 205 BGB).

Eine *Hemmung der Verjährung* tritt bei einem Werkvertrag dann ein, wenn sich der Bauunternehmer im Einverständnis der Bauherrn der Prüfung des Vorhandenseins des Mangels und der Beseitigung des Mangels unterzieht (§ 639 BGB).

Teilt der Bauunternehmer dann dem Bauherrn das Ergebnis der Prüfung mit, oder erklärt er den Mangel für beseitigt oder teilt er mit, daß eine Mängelbeseitigung nicht in Betracht kommt, dann beginnt nach Beendigung der Unterbrechung eine neue Verjährungsfrist.

Darüber hinaus wird die Verjährung durch folgende Maßnahmen *unterbrochen*:

◆ Erhebung der Klage;
◆ Zustellung eines Mahnbescheids;
◆ Geltendmachung der Aufrechnung des Anspruchs in einem Prozeß;
◆ Streitverkündung (§ 209 BGB);
◆ rechtzeitiger Antrag auf Durchführung eines selbständigen Beweisverfahrens;
◆ als Ausnahme: rechtzeitige Anzeige des Mangels (§ 639, 478 BGB, wenn der Werklohn noch nicht vollständig gezahlt wurde).

In den letztgenannten Fällen bleibt dem Bauherrn die Einrede der Wandlung und der Minderung erhalten. Bei einer derartigen Mängelanzeige kann der Bauherr lediglich die Zahlung des Werklohns oder Restwerklohns im Hinblick auf den Mangel verweigern. Er hat allerdings keinen Anspruch auf Rückzahlung bereits geleisteter Teilzahlungen.

Wenn er einen Anspruch auf Schadensersatz hat, dann kann er nur aufrechnen, wenn er die zuvor aufgeführten Handlungen zur Verjährungsunterbrechung ausgeführt hat.

◆ Die Verjährung wird auch dadurch unterbrochen, daß der Bauunternehmer die Ansprüche des Bauherrn anerkennt. Eine Anerkenntnis ist eine eindeutige Erklärung oder Handlung des Bauunternehmers, für den vorhandenen Mangel eintreten zu wollen, beispielsweise indem der Mangel beseitigt wird.

5.7.2 Verjährungsunterbrechung beim VOB-Vertrag

Wenn zwischen den Parteien ein Vertrag abgeschlossen wurde, in dem die VOB/Teil B Geltung hat, dann besteht eine weitere Möglichkeit, die Verjährung zu unterbrechen. Die *Verjährungsunterbrechung* tritt ein, wenn der Bauherr den Bauunternehmer schriftlich zur Mängelbeseitigung aufgefordert hat (§ 13 Nr. 5 VOB/Teil B).

Mit dieser Aufforderung beginnt eine neue Verjährungsfrist. Diese Verjährungsunterbrechung tritt nur ein, wenn der Mangel exakt in der schriftlichen Mängelanzeige genannt ist.

Expertentip:
Im Zweifel sollte man sich rechtzeitig vor Ablauf der Verjährungsfrist Rechtsrat einholen und alle Maßnahmen in die Wege leiten, die zur Unterbrechung der Verjährungsfrist führen.

Anhang

Anhang 1: Wie Sie ohne Chemie Ihr Raumklima auf Dauer gesund erhalten

1. **Farbe:** Keine Kunststoff-Dispersionsfarben benutzen. Sie können Weichmacher und krebsverdächtige Stoffe ausstrahlen. Auch Produkte auf Naturharzbasis können durch die organischen Lösungsmittel Allergiker ziemlich belasten. Daher sollte man besser Kaseinfarben und Leimfarben verwenden. Diese belasten Sie gesundheitlich nicht.

2. **Dämmstoffe:** Produkte aus Bitumen können krebserzeugend sein, auch Glas- und Steinwolle und PU-Schaum sind nicht empfehlenswert. Besser sollten Holzfaserplatten, Kork, Schilf oder Zellulosedämmstoffe eingesetzt werden.

3. **Lack:** Benutzen Sie keine Nitro und Alkydharzlacke, die sehr viel Lösungsmittel enthalten. Ebenso können Zweikomponenten, Polyurethan, (DD)-Lacke giftige Isocyanate freisetzen. Weniger schädlich sind Kunststoff- und Naturharzlackfarben.

4. **Bodenbelag:** Lassen Sie keine PVC- und Gummiböden verlegen, die das Raumklima negativ beeinflussen. Gesundheitlich unbedenklich sind Böden aus Laminat, Linoleum und Stein.

5. **Teppichboden:** Kunstfaser- und Wollteppiche enthalten chemische Stoffe, Kokosfasern können insektizidbelastet sein. Sie geben Weichmacher ab. Die benutzten Kleber enthalten Lösungsmittel. Spannen Sie besser die Teppiche oder Teppichböden oder befestigen Sie diese mit Klebeband. Fragen Sie nach schadstofffreien Teppichen.

6. **Tapeten:** Kunststoff-, Metall- und Thermotapeten sind ebensowenig zu empfehlen wie Tapeten mit Glasfaser, mit Kork oder aus Textil. Eine gute Wahl sind Tapeten aus Papier oder Gras.

7. **Putzmittel:** Chlorhaltige Sanitärreiniger und Desinfektionsmittel sind überflüssig. Abflußreiniger ebenso wie Essigreiniger sind häufig zu scharf und machen die Oberflächen stumpf. Häufig genügt ein Allzweckreiniger. Abflüsse lassen sich oft mit kochendem Wasser freihalten.

8. **Lüftung:** Lüften Sie regelmäßig, bei jedem Wetter, auch das Schlafzimmer. Wird die Badlüftung nicht benutzt, lassen Sie die Tür offen.

9. **Asbest:** Sollten Sie einen Nachtspeicherofen benutzen, fragen Sie beim örtlichen Energieunternehmen nach Asbest.

10. **Möbel:** Fast alle denkbaren Schadstoffe können aus Einrichtungsgegenständen entweichen. Umgehen Sie dies, indem Sie beim Kauf auf den „Umweltengel" (Symbol für formaldehydarme Holzprodukte) oder das RAL-Gütezeichen „M" der Gütegemeinschaft Möbel achten.

11. **Rauchen:** Lassen Sie es. 3000 verschiedene Chemikalien müssen Sie dann nicht inhalieren, auch vermeiden Sie eine steigende Formaldehydkonzentration.

12. **Insektizide:** Auf Schädlingsbekämpfungsmittel sollten Sie verzichten. Zedernholz hilft gegen Motten, Tomatenkraut gegen Mücken, und nelkengespickte Zitrone hält Fliegen fern.

Anhang 2: Checkliste: Ordner für Bauunterlagen

Als Wohnungs- oder Hauseigentümer, als Sanierer und Modernisierer brauchen Sie den Überblick für die anstehende Baumaßnahme. Sie brauchen dabei auch für Ihre Unterlagen den übersichtlichen schnellen Zugriff.

Mal ehrlich, finden Sie auf Anhieb die Jahresabrechnungen des Energieversorgungsunternehmens, den Grundstückskaufvertrag, die Bauakte, die Baukostenaufstellung?

Hier bieten wir Ihnen eine übersichtlich gegliederte **Ablageordnung** für **Aktenordner** (immer noch das praktischste Ablagemittel für Ihre Unterlagen).

Je nach Umfang des Bauvorhabens benötigen sie drei, vier, fünf oder sechs Ordner, 8 cm stark. Legen Sie sich auf eine Farbe fest, die Sie ausschließlich für die Schriftstücke Ihrer Wohnung oder Ihres Hauses verwenden.

Ordner 1: Allgemeine Haus/Wohnungs- und Bauunterlagen

Ordnen Sie, wie bei dem Aktenordnerprinzip üblich, logisch. Aktuelles kommt immer oben drauf. Was war der erste Schritt zum Eigenheim? Richtig, das Grundstück!

- RA/Notar/Grundstückskaufvertrag;
- Wohnungskaufvertrag;
- Unterlagen der Bank (Kreditvertrag, Grundschuld, sonstige);
- Versicherungsunterlagen (Bauherrenhaftpflicht u.a.);
- Bauantrag;
- Baugenehmigung;
- Werkzeichnungen;
- Baubestandspläne (Heizung, Installationen);
- Bauabnahmen (Baubehörde, Naturschutz, Katasteramt, Schornsteinfeger).

Ordner 2: Baumaßnahme: . . . . (Benennen)

- Bestandsplan Haus/Wohnung, Bestandsfotos, Bestandpläne der Versorgungsleitungen, ggf. bei einem Anbau Bestandspläne der Kommune über Leitungen, Postkabel, Gasleitung etc.;

◆ Festsetzungen der Kommune wie Bebauungsplan, Gestaltungssatzung;
◆ Entwurf (hier gehört nicht jede Skizze herein, die angefertigt wird, sondern nur die Planfassung, deren Umsetzung erfolgen soll);
◆ Architektenvertrag;
◆ Ausfertigung der Baugenehmigung;
◆ Gesprächsnotizen, Protokolle, allgemeiner Schriftwechsel.

Ordner 3: Ausführende Firmen

Zuunterst abgelegt werden die Unterlagen der ersten Firma, die an der Baustelle arbeitet, in der Regel der Rohbauunternehmer. Fassen Sie die einzelnen Gewerke wie folgt zusammen:

◆ Angebotsspiegel (bei Ausschreibungen);
◆ Angebot (Leistungsverzeichnis der Ausschreibung);
◆ Bauvertrag;
◆ Werkzeichnung, Änderungsskizzen;
◆ Tagelohnzettel (verwahrt ggf. der Architekt);
◆ Aufmasse;
◆ Abschlagsrechnungen und Schlußrechnung;
◆ Abnahmeprotokoll der Unternehmerleistung.

Es folgen die Gewerke Zimmerarbeiten, Dachdecker, Elektriker usw. Oder, bei der Modernisierung und Instandsetzung, das jeweils zeitlich nachfolgend ausgeführte Gewerk.

Ordner 4: Unberücksichtigte Angebote, Planfassungen und Prospekte

Behalten Sie die mittlerweile eingeübte und eingeprägte Reihenfolge der Ablage ein.

◆ Erste Planskizzen und Entwurfsvarianten;
◆ Prospekte, Zeitungsausschnitte Firmeninformationen;
◆ nichtberücksichtigte Angebote, Leistungsverzeichnisse etc.(diese Unterlagen bewahrt ggf. Ihr Architekt).

Dieser Ordner wird vielleicht nicht gleich voll, sondern erst, wenn Ihnen Ihr Architekt Unterlagen übergibt, für deren Verwahrung er zuständig ist.

Ordner 5: Baukonto

Der Ordner, den man am häufigsten zur Hand nimmt, enthält:

- Kontoauszüge mit den entsprechenden Belegen;
- Zahlungsanweisungen Ihres Architekten;
- Kopien der Handwerkerrechnungen.

Dieses Ablageschema mag Ihnen umständlich und überholt vorkommen, bewährt sich aber seit vielen Jahren in der Praxis bei Architekten und Bauherren in hervorragender Weise. Manche Unterlagen, wie beispielsweise die Handwerkerrechnungen, können doppelt abgelegt sein, einmal im Baukonto-Ordner, einmal im Ordner Baufirmen. Hier ist der schnelle und übersichtliche Zugriff ausschlaggebend. Was nützt es Ihnen, wenn Sie aus irgendeinem Grund wissen wollen, wie hoch die Rechnung Heizungsinstallation war, wenn Sie dazu zwei Ordner herausnehmen müssen. Der Baukonto-Ordner ist im Zweifelsfall sowieso nicht da, sondern liegt beim Steuerberater oder beim Finanzamt.

Selbst dem Computerfreak bietet das Ablagesystem übersichtliche Ordnung und schnellen Zugriff: Unterstützung des PC bei der Ordnerrückenbeschriftung, Anlage eines Inhaltsregisters. Erstellen von Firmenanschriftenlisten und Telefonregistern.

Anhang 3: Muster eines Bauvertrages

Zwischen Herrn/Frau . . . .

Auftraggeber (AG) vertreten durch den Architekten . . . .

und der Firma . . . .

Auftragnehmer (AN) wird folgender

Bauvertrag

abgeschlossen.

§ 1 Vertragsgegenstand

Dem AN wird die Ausführung der Arbeiten (z.B. Ausbau des Dachgeschosses mit zwei Wohnungen) für das Bauvorhaben ... Straße in ... übertragen.

§ 2 Vertragsgrundlage

Vertragsbestandteile sind in der nachstehenden Reihenfolge:

1. die Bestimmung dieses Vertrages;
2. das Angebot des AN;
3. die Ausschreibung des Architekten;
4. die Baugenehmigung einschließlich Auflagen und genehmigte Pläne;
5. die allgemeinen technischen Vorschriften für Bauleistungen nach VOB/Teil B und C;
6. die Vorschriften des Bürgerlichen Gesetzbuches.

Soweit einzelne Bestimmungen der Vertragsbestandteile sich widersprechen sollten, richtet sich die vereinbarte Bestimmung nach der Gültigkeit der genannten Verträge.

§ 3 Vergütung

Der AN erhält für seine Leistung eine Vergütung in Höhe von ... DM zzgl. der gesetzlichen Mehrwertsteuer. Bei dem vereinbarten Preis handelt es sich um einen Festpreis. Eine Erhöhung dieses Preises bei Erhöhung der Kosten für Löhne und Material ist ausgeschlossen.

§ 4 Ausführungsfristen

1. Der AN beginnt mit der Ausführung am: . . . .

2. Für die Fertigstellung des Bauobjektes vereinbaren die Parteien die ... Kalenderwoche des Jahres 19... fest.

3. Für jede Woche der Terminüberschreitung wird eine Vertragsstrafe in Höhe von DM ... vereinbart. Diese Vertragsstrafe wird nur für den Fall vereinbart, daß der AN die Arbeiten verspätet beendet.

4. Trotz der vereinbarten Vertragsstrafe ist dem AG das Recht vorbehalten, weitergehende Schadensersatzansprüche geltend zu machen.

5. Zu der Vertragsstrafe vereinbaren die Parteien, daß der AG diese bis zur Schlußzahlung geltend machen kann. Der AG muß die Vertragsstrafe nicht bei der Abnahme des Bauobjektes vorbehalten.

§ 5 Zahlungen, Fälligkeit

1. Die Parteien vereinbaren Abschlagszahlungen je nach Baufortschritt.

   Die erste Abschlagszahlung ist in Höhe von ... zu zahlen, sobald ... fertiggestellt sind.
   Die zweite Abschlagszahlung ist in Höhe von. ... zu zahlen, sobald ... fertiggestellt sind.
   Die dritte Abschlagszahlung ist in Höhe von ... zu zahlen, sobald ... fertiggestellt sind.
   Die Schlußrechnung ist binnen drei Wochen vom Bauherrn zu bezahlen. Sie hat die geleisteten Abschlagszahlungen aufzuführen.

2. Vom Gesamtbetrag der Schlußrechnung ist der AG berechtigt, 3,5 % der Betragssumme bis zum Ablauf der Gewährleistungsfrist einzubehalten.

Der AN ist jedoch berechtigt, diesen Gewährleistungseinbehalt durch die Übergabe einer unbedingten, unbefristeten und selbstschuldnerischen Bürgschaft einer deutschen Bank oder eines Sparkasseninstitutes ohne Hinterlegungsklauseln zu ersetzen.

Diese Bürgschaft hat der AG dem AN zurückzugeben, sobald die Mängel behoben sind, nicht jedoch vor Ablauf der Gewährleistungsfrist.

§ 6 Auftragsumfang

Der Auftragsumfang wird durch das Leistungsverzeichnis festgelegt.

Auftragserweiterung über das Leistungsverzeichnis hinaus sind zu den Bedingungen dieses Bauvertrages möglich.

Die Auftragserweiterung bedarf jedoch einer schriftlichen Vertragsänderung.

§ 7 Gefahrtragung

Der AN trägt die Gefahr bis zur Abnahme des Werkes (§ 644 BGB).

Dem AN obliegt die Verkehrssicherungspflicht für die Baustelle.

Der AN hat dem AG auf schriftliches Verlangen den Abschluß einer Versicherung nachzuweisen.

§ 8 Abnahme und Gewährleistung

Die Parteien vereinbaren hiermit, daß die Abnahme nur als förmliche Abnahme zu erfolgen hat. Die Abnahme erfolgt nach Fertigstellung des Gewerkes. Die Fertigstellung hat der AN eine Woche vor dem voraussichtlichen Termin schriftlich anzuzeigen. Über die Abnahme ist ein Protokoll aufzunehmen, das von beiden Vertragspartnern zu unterschreiben ist.

Der AN leistet Gewähr nach den Vorschriften des Werkvertragsrechtes (§ 633 ff BGB) für die vertragsmäßige Beschaffenheit seiner Leistungen.

Hinsichtlich der Verjährung gelten die Verjährungsfristen des BGB.

Der AN sichert zu, daß sein Werk zum Zeitpunkt der Abnahme den anerkannten Regeln der Technik entspricht.

§ 9 Subunternehmer

Der AN ist nicht berechtigt, seine Leistungen an Subunternehmer weiterzugeben. Die Beauftragung von Subunternehmern bedarf der vorherigen schriftlichen Zustimmung des AG.

§ 10 Stundenlohnarbeiten

Stundenlohnarbeiten sind nur dann zulässig, wenn der AN hierfür einen schriftlichen Auftrag vom AG erhält. Der AN hat in diesem Fall tägliche Stundenlohnzettel zu erstellen und dem AG unaufgefordert zur Unterschrift vorzulegen. Vergütung wird nur für vom AG unterzeichnete Stundenlohnzettel geleistet.

Hinweis zu den Gewährleistungsfristen:
Die Gewährleistungsfristen betragen nach der VOB/Teil B zwei Jahre nach Abnahme des Gewerkes. Wird die Geltung der Vorschriften des Bürgerlichen Gesetzbuches vereinbart, so beträgt die Verjährungsfrist bei Arbeiten an einem Grundstück ein Jahr, bei Bauwerken und Arbeiten an Bauwerken fünf Jahre.

Anhang 4: Musterbrief: Einholung von Angeboten

Otto Kurz
Wohnstraße 7

00708 Bergdorf

Tel. 06578/92131

Fix und Fertig GmbH
Hauptstr. 17

00807 Bestadt   Datum

Bauvorhaben, Wohnstr. 7 hier: Durchführung der Sanierung des Bade-zimmers/Übersendung von Angeboten

Sehr geehrte Damen und Herren,

am oben genannten Bauvorhaben möchte ich folgende Arbeiten ausführen lassen:

Im einzelnen handelt es sich um die Ausführung folgender Arbeiten: Streichen der Innenwände mit weißer Farbe, auf Grundfläche von 140 m^2, Raumhöhe beträgt 2,40.

Die Arbeiten sollen in der Zeit vom 01.03.1998 bis 30.04.1998 durchgeführt werden. Für die Gewährleistungsfrist sollen die Regelungen des Werksvertragsrechtes des BGB gelten.

Bitte übersenden Sie mir Ihr Angebot bis zum 15.01.1998. Bis zum 20.01.1998 werde ich Ihnen mitteilen, ob die Vergabe des Auftrages an Sie erfolgt oder nicht.

Sollten Sie weitere Informationen benötigen und Interesse haben, so rufen Sie mich bitte unter der oben angegebenen Telefonnummer an, damit Sie eine Ortsbesichtigung zwecks Erstellung des Angebotes durchführen können.

Das Angebot muß von Ihnen kostenlos erstellt werden. Sollten Sie das Angebot nicht kostenlos erstellen wollen, so bin ich an einer Abgabe des Angebotes durch Sie nicht interessiert.

Selbstverständlich ist, daß die von Ihnen angegebenen Arbeiten bis zur Beendigung des Bauvorhabens festpreise sind.

Mit freundlichen Grüßen

Unterschrift

Anhang 5: Musterbrief: Annahme eines Angebots

Otto Kurz
Wohnstraße 7

00708 Bergdorf

Tel. 06578/92131

Fix und Fertig GmbH
Hauptstr. 17

00807 Bestadt   Datum

Ihr Angebot vom 03.09.1997

Sehr geehrte Damen und Herren,

ich nehme Bezug auf Ihr Angebot und nehme Ihr Angebot vom 03.09.1997, die Bauarbeiten zu einem Festpreis von DM . . . . . durchzuführen, an.

Vereinbarungsgemäß beginnen die Bauarbeiten am 01.03.1998 und sind bis zum 30.04.1998 fertigzustellen.

Mit freundlichen Grüßen

Unterschrift

Anhang 6: Checkliste: Haus und Wohnung sind o.k.

Haus und Wohnung sind okay/nicht okay

	ja	einigermaßen	nein
Meine/unsere Wohnung ist o.k.:	0	0	0
Umfeld	0	0	0
Belastungen Verkehr, Luftraum, Industrie	0	0	0
Nachbarn o.k.	0	0	0
Anbindung an öffentlichen Nahverkehr	0	0	0
am Haus/Wohnung sind folgende Schäden feststellbar:			
Dach	0	0	0
Wärmedämmung	0	0	0
Außenwände	0	0	0
Fenster	0	0	0
Hauseingang	0	0	0
Keller	0	0	0
Sockel und Grundmauern	0	0	0
Mit der Aufteilung und den räumlichen Gegebenheiten der Wohnung/Haus bin ich/sind wir zufrieden/sehr zufrieden:	0	0	0

Sie können ggf. noch einige individuelle Einschätzungen und persönliche Beurteilungen hinzufügen.

Beschäftigen Sie sich zuerst mit dieser Checkliste. Setzen Sie die Kreuze ohne lange Überlegung und besprechen Sie die Angaben mit der Familie.

Alles o.k.? Sie haben die meisten Kreuze in der linken Spalte? In diesem Fall können Sie das Buch weglegen, denn Sie werden in Ihrer Wohnung bleiben.

Sind die Kreuze mehr nach rechts gerückt, empfehlen sich die Checklisten.

Anhang 7: Einige erläuternde juristische Begriffe

Altlasten	Schadstoffe im oder auf dem Boden, die zu Grundwassergefährdung oder gesundheitsschädlichen Emissionen führen oder deren Beseitigung einen hohen finanziellen Aufwand erfordert.
Baulast	Verpflichtung des Grundstückseigentümers, öffentlichrechtliche Verpflichtungen zu übernehmen, die ein Grundstück betreffen, und zwar ein Tun, Dulden oder Unterlassen. Wird durch Erklärung des Grundstückseigentümers gegenüber der Bauaufsicht begründet.
Baulastenverzeichnis	Verzeichnis über die Baulasten. Das Baulastenverzeichnis wird von der unteren Bauaufsichtsbehörde geführt, nicht beim Amtsgericht (Grundbuchamt).
BGB	Bürgerliches Gesetzbuch, es regelt die Vertragsverhältnisse, wie z.B. beim Werkvertrag.
BGH	Bundesgerichtshof: entscheidet in letzter Instanz Zivil- und Strafprozesse.
Denkmal	schutzwürdige Sache (wie Gebäude) oder Sachgesamtheiten (gesamte Straßenviertel), an deren Erhaltung aus künstlerischen, wissenschaftlichen, technischen, geschichtlichen oder städtebaulichen Gründen ein öffentliches Interesse besteht.
Denkmalbuch	öffentliches Verzeichnis über Kulturdenkmäler. Das Denkmalbuch wird von der Denkmalfachbehörde geführt.
Denkmalschutz	Dieser ist Landessache, jedes Land hat sein eigenes Denkmalschutzgesetz.
Grundakten	Hier werden die Schriftstücke zu jedem einzelnen Grundbuchblatt zusammengefaßt, z.B. Verträge und Anschreiben.
Grundbuch	Öffentliches Buch über die Rechtsverhältnisse am Grundeigentum (auch Erbbaurechte/Wohnungseigentum /Teileigentum). Der Immobilienverkehr soll

	auf eine zuverlässige Grundlage gestellt werden. Das Grundbuch wird beim Amtsgericht geführt.
Grundbuchblatt	Es besteht aus einem Bestandsverzeichnis; Abt. I – Eigentumsverhältnisse; Abt. II – Lasten und Beschränkungen; Abt. III – Grundschulden und Hypotheken.
Grundschuld	Belastung eines Grundstückes zugunsten eines Gläubigers (z.B. Bank). Aufgrund der Belastung muß eine bestimmte Geldsumme aus dem Grundstück gezahlt werden. Sie wird von den Banken im Regelfall gefordert, bevor ein Darlehen ausgezahlt wird.
Kataster	öffentlich-rechtliches Verzeichnis über die exakte Lage des Grundstücks, Einzeichnung der Grundstücksgrenzen und Grenzsteine. Das Kataster wird nicht beim Amtsgericht geführt, sondern beim Katasteramt der Städte und Landkreise.
Sanierungsgebiet	Wird durch eine Sanierungssatzung der zuständigen Stadt/Gemeinde ausgewiesen. Bei betroffenen Grundstücken wird ein Sanierungsvermerk im Grundbuch eingetragen. Der Käufer des Grundstücks muß mit Folgekosten rechnen.
Teileigentum	Sondereigentum an nicht zu Wohnzwecken dienenden Räumen eines Gebäudes, Läden, Praxis-Räume, etc. in Verbindung mit dem Miteigentumsanteil am gemeinschaftlichen Grundstück.
Werkvertrag	Durch Abschluß eines Werkvertrages ist der Unternehmer verpflichtet, das vertraglich vereinbarte Werk (Bauwerk) zu erstellen, der Besteller (Bauherr) muß die Vergütung (Werklohn) zahlen.
Wohnungs-eigentum	Sondereigentum an einer Wohnung, verbunden mit dem gemeinschaftlichen Miteigentumsanteil am Grundstück.
ZPO	Zivilprozeßordnung: regelt den Verfahrensablauf vor dem Zivilgericht bei Prozessen.

Anhang 8: Baulexikon	
Abbeizen	Das Abbeizen von alten Farblagen empfiehlt sich zum Erhalt von alten Innentüren und Bekleidungen und bei alten Haustüren aus Holz. Auch gut erhaltene Holzfenster können nach einer Befundanalyse von alten Anstrichen befreit werden
Abbruch	Abbruch ist das Entfernen und Beseitigen von schadhaften Bauteilen, von Anbauten oder Aufbauten (Fußbodenaufbauten, Dachaufbauten, Windfang, Hausvorbau). Für diese Arbeiten sowie den Abbruch tragender Innenwände ist eine Abbruchgenehmigung der Bauaufsicht notwendig. Für umfangreiche Bauvorhaben gibt es spezielle Abbruchunternehmen. Im Altbausektor haben sich Entrümpelungsfirmen etabliert. Bei den Abbruchkosten sind die Deponiekosten nicht zu unterschätzen. Es ist auf eine Müllfraktionierung, also auf Sortieren im Holz, Mauerwerk, Pappe/Papier, Metall, Sonder- und Restmüll zu achten. Die meisten Baustoffverpackungen kann man den ausführenden Unternehmen wieder mitgeben, auch die Baustoffmärkte sind zur Rücknahme von Verpackungen verpflichtet.
Anbau	Bauliche Erweiterung eines bestehenden Hauses. Beispiele: Wohnraumerweiterung, Errichtung einer Garage oder eines Schwimmbads, Anbau eines Wintergartens. Anbauten mit oder ohne Unterkellerung sind behutsam zu planen; sie verbessern den Wohnungszuschnitt nach dem Motto kleiner Anbau, große Wirkung. Bei unsensiblem Vorgehen können Anbauten eine störende Gesamtoptik des Hauses herbeiführen
Anhydrithestrich	Estrichverfahren (siehe auch unter Estriche) auf der Baustoffbasis Gips (Industriegips). Auch als Fließestrich bezeichnet. Gipshaltiger Anhydrithestrich ist feuchteempfindlich und darf nicht ständig einwirkender Feuchtigkeit ausgesetzt werden. Nicht zu empfehlen in Kellergeschossen und Bädern.

Architekt	Berufsbezeichnung, Titel für Dipl.-Ing. der Fachrichtung Hochbau, Innenarchitektur oder Bauingenieurwesen. Vergleichbar der Handwerksrolle. Fachverband der Architekten ist die Architektenkammer.
Asbest	Asbest als Baustoffbestandteil gilt als stark gesundheitsschädlich. Asbest ist ein hitze- und säurebeständiges Mineral (Magnesiumsilikat), das als Faserware bis etwa Ende der 70er Jahre verarbeitet wurde, z.B. als Wellfaserplatten, Fensterbänke, Isolierplatten. Die Fasern können sich durch Abrieb, Wind- und Wetterbeanspruchung, mechanische Einwirkung lösen. Demontage und Entsorgung von asbesthaltigen Altstoffen dürfen nur durch zugelassene Fachleute/Fachfirmen erfolgen.
Außendämmung	Die Außendämmung wird zwischen Mauerwerk und Putz mittels geeigneter Dämmstoffe (z.B. Zellulose, Kork, Holzfaserplatten, künstliche Dämmstoffe) als eine Art „Isoliermantel" angebracht. Dieser reduziert größere Temperaturschwankungen zwischen Außen- und Innenfläche der Wand, das Mauerwerk kühlt nach außen hin nicht aus, und der Abfluß von Raumwärme wird gebremst. Eine gute Dämmung spart bis zu 20 % der Heizkosten. Weiterer Nutzen: Die Kondensation von Raumluftfeuchtigkeit innerhalb der Wand wird unterbunden (die Feuchtigkeit kann besser nach außen abdampfen). Die Gefahr von Schäden am Mauerwerk ist somit fast ausgeschlossen.
Außenputz	Außenputz ist ein Verfahren, den Wetterschutz des Hauses und der Wandbaustoffe zu gewährleisten. Außenputze bestehen aus Sand und Bindemitteln wie Kalk, Gips oder Zement. Zunehmend setzen sich Mischungen mit Kunststoffanteilen durch, die die Haftung, Durchhärtung und Elastizität beeinflussen. Zumengungen von Polystyrolkügelchen verbessern die Wärmedämmung des Außenputzes.
Baugenehmigung	Die Baugenehmigung ist für viele bauliche Maßnahmen an einem Gebäude erforderlich. Sie muß

	eingeholt werden, *bevor* mit dem Bau oder Umbau begonnen wird. In vielen Bundesländern ist man um umfangreiche Vereinfachungen des Baugenehmigungsrechtes bemüht, z.B. sollen – bisher genehmigungspflichtige – Modernisierungsmaßnahmen an und in Wohngebäuden ohne vorheriges behördliches Verfahren möglich werden. Um zu erfahren, ob Genehmigungs- oder Anzeigepflichten bestehen, wendet man sich am besten an die örtlich zuständige Bauaufsichtsbehörde.
Baukosten-schätzung	Die Baukostenschätzung sollte durch den Architekten/Planer auf der Grundlage der DIN 276 erfolgen und alle Kostengruppen (1 bis 8) beinhalten und spezifizieren. Eine solide und sorgfältige Planung spart in jedem Falle mehr Geld, als das Architektenhonorar ausmacht.
Bauphysik	Bauphysik umschreibt im Bauwesen die vier Bereiche Wärme-, Feuchtigkeits-, Schall- und Brandschutz. Die Bauphysik gibt dem Architekten eine Leitlinie bei der Auswahl geeigneter Baustoffe an die Hand.
Baustoffbörse	Baustoffbörsen gibt es in einigen Städten für wiederverwendbare Baustoffe wie Fenster und Türen, alte Baubeschläge, Ziegel, Balken.
Bauvoranfrage	Eine Bauvoranfrage kann schriftlich bei der Baubehörde gestellt werden. Dadurch können einzelne Fragen, die in der Baugenehmigung zu entscheiden sind, vorab geklärt werden. Anschließend wird ein Bauvorbescheid erteilt, der Bindungswirkung für die spätere Baugenehmigung hat.
Biofarbe	Biofarbe nennt man allgemein Lacke und Lasuren, die keinen oder nur einen geringen Gehalt an organischen Lösungsmitteln enthalten.
Biotope	Biotope sind natürliche Lebensräume, die sich anhand der dort bestehenden Umweltbedingungen gut von benachbarten Terrains abgrenzen lassen (z.B Moore, Feuchtwiesen, Trockenzonen). Sie bie-

	ten der dort angesiedelten Flora und Fauna natürliche Lebensgrundlagen.
Blähton	Blähton wird aus Jura-Ton hergestellt. Die natürlichen organischen Bestandteile bilden nach dem Brennen Luftporen als Speicher und zur Wärmedämmung. Blähton ist auch das Substrat für Hydrokulturen.
Blockheizkraftwerke	Blockheizkraftwerke bieten eine besonders günstige Energieausnutzung. Mit einem oder mehreren Motoren betrieben (vorzugsweise mit Gas), erzeugt das Miniheizkraftwerk in unmittelbarer Nähe der Abnehmer (Siedlung, Häuserblock oder Einzelhaus) elektrischen Strom. Die Abwärme wird zum Heizen und zur Erwärmung von Brauchwasser genutzt.
Brandschutz	Der Brandschutz stellt eine wesentliche Forderung des Bautenschutzes und damit des Schutzes der Bewohner dar. Brandschutzauflagen richten sich nach Gebäudeklassen und regeln z.B. Gebäudeabstände, zulässige Fensteröffnungen und Fluchtwege.
Brauchwasser	Brauchwasser ist das Wasser, das in jedem Haushalt oder Betrieb zum Waschen, Spülen, Kochen, für Bad und Toilette etc. verwendet wird. Einmal gebrauchtes Wasser aus Waschbecken, Badewanne bzw. der Wasch- oder Spülmaschine wird als Grauwasser bezeichnet. Es kann nach Reinigung/Filterung mittels einer geeigneten Anlage für andere Zwecke wiederverwendet werden, z.B. für die WC-Spülung.
Brennwertkessel	Brennwertkessel bieten eine höhere Energie-Ausnutzung als herkömmliche Niedertemperatur-Kessel. In Brennwertkesseln wird die Abwärme über einen zweiten Wärmeaustauscher nochmals dem Brennraum zugeführt. Die Brennwertkessel-Technik erlaubt als Energieträger Gas oder Heizöl.
Dämmung	Eine Dämmung ist die bauliche Maßnahme gegen Temperatur- oder Schalleinflüsse. Für die unter-

	schiedlichen Anforderungen und Untergründe gibt es viele geeignete Materialien (Dämmstoffe), aber kein Dämmstoff ist universell für jeden Zweck verwendbar.
Dampfdiffusion/ Dampfsperre	In Innenräumen entsteht regelmäßig Feuchtigkeit, z.B. durch die Atmung der Bewohner. Bei Temperaturunterschieden zwischen Innen und Außen wandert die Feuchtigkeit mit der Wärme nach außen (Dampfdiffusion). Eine Innendämmung erfordert immer eine Dampfsperre, da sonst der Wasserdampf die Dämmschicht durchfeuchten und wirkungslos machen würde. Tritt in der nassen, kalten Wand Frost auf, kommt es sogar zu schweren Bauschäden. Die Dampfsperre ist eine vor der Dämmschicht eingelegte wasserdampfdichte Isolierung.
Dioxin	Bezeichnung für eine breite Gruppe hochtoxischer chemischer Substanzen, als deren giftigste das sogenannte Sevesogift gilt. Im Brandfall können sich bestimmte Stoffe in Baumaterialien in Doxine und andere Giftsubstanzen verwandeln. Beispiel: Organische Schaumdämmstoffe sind eigentlich leicht entflammbar und müssen deshalb für den Baubereich mit Flammschutzmitteln ausgerüstet werden. Dazu werden häufig bromierte Kohlenwasserstoffe benutzt, die im Brandfall Dioxine freisetzen.
Drainage	Eine Drainage ist der umlaufende Feuchteschutz gegen drückendes und nichtdrückendes Wasser im Sohlbereich eines Hauses. Um die Bodenplatte wird ein perforierter Schlauch aus Kunststoff verlegt, der mit Kies ummantelt wird. Die Drainage verhindert, daß Feuchtigkeit im Bereich der Bodenplatte in das Mauerwerk eindringen kann.
Finanzierungs- quelle	Für die Finanzierung von Bau- und Modernisierungsmaßnahmen wird in der Regel auch Fremdkapital eingesetzt. Im Finanzierungsplan ist dann auszuweisen, aus welchen Quellen die einzelnen Finanzierungsmittel stammen und zu welchen Konditionen. Typische Finanzierungsquellen: Bauspargut-

	haben und sonstiges Eigenkapital, Bauspardarlehen, Bankkredit (Hypothekendarlehen), staatlicher Baukostenzuschuß etc.
Formaldehyd	Dieses Gas ist Grundlage für Bindemittel bei Spanplatten, für Konservierungsmittel und zahlreiche Produkte bis hin zu Filzstiften. Formaldehyd kann schwere gesundheitliche Störungen verursachen. Auf dem Markt finden sich inzwischen genügend Baustoffe ohne oder mit nur geringen Anteilen von Formaldehyd.
Gaube	Die Gaube ist ein kleiner Dachteil mit eingebautem Fenster, der aus einer Dachfläche herausragt. Durch Gauben entsteht im Raum unter dem Dach mehr Platz. Der nachträgliche Einbau von vorgefertigten Gauben zwischen den Sparren ist unproblematisch und erfordert nur wenig Zeit.
Gußasphalt	Gußasphalt ist ein Estrichverfahren auf der Basis von Asphalt. Im Sanierungssektor zählen als Vorzüge die geringe notwendige Aufbauhöhe (3 cm) und die sofort nach dem Auskühlen mögliche Benutzung der Böden (nach wenigen Stunden). Gußasphalt wird ohne Wasser verarbeitet, so daß Trocknungszeiten für Decken und Wände vollständig entfallen. Gußasphaltestriche sind jedoch fast doppelt so teuer wie Zementestriche.
Heizungsanlagen-verordnung	Sie gilt in ihrer Neufassung seit 1994 und regelt emisionsmindernde Anforderungen bei der Modernisierung veralteter Heizungsanlagen. Vorgeschrieben ist beispielsweise die Nachrüstung von Thermostatventilen bei Anlagen, die vor 1978 erstellt wurden.
Hinterlüftung	Dieser Begriff umschreibt ein Konstruktionsdetail bei Außendämmungen. Die Hinterlüftung verhindert, daß Regen, der durch die Außenhaut dringt, bis an die Dämmung gelangt, denn durchnäßte Dämmung ist ohne Wirkung. Hinterlüftete Fassaden bestehen aus der sichtbaren ersten Schicht (Brettschalung, Plattenmaterial, Klinker), einer ca. 4 cm

	breiten Lüftungsebene der Dämmung und dem tragenden Wandaufbau.
Holzständerwerk	Ein Holzständerwerk ist ein Konstruktionsprinzip beim Holzbau, bei dem die lastaufnehmenden Holzteile als dünne Pfosten und Riegelverbindungen in Reihe Flächen- und Einzellasten aufnehmen. Die Holzständerbauweise ist eines der verbreitetsten Bauprinzipien des Holzbaus, z.B. in den USA. Der Vorteil besteht darin, daß vorwiegend Schwachhölzer verwendet werden können. In dem Bemühen, auch in Deutschland günstigere Eigenheimpreise zu erreichen, setzen sich auch hier Holzständerbauten zunehmend durch.
Innendämmung	Die Innendämmung verbessert den Wärmeschutz bei bestehenden Gebäuden, wenn eine Außendämmung aufgrund konstruktiver Gegebenheiten nicht möglich ist. Auf der Wandinnenseite werden geeignete Dämmaterialien aufgebracht und mit Holz- oder Ausbauplatten (Gipskarton, Gipsfaser) verkleidet. Ein Vorteil der Innendämmung ist der günstige Preis. Die Arbeiten können fast vollständig in Eigenleistung ausgeführt werden. Bei jeder Innendämmung ist der Verlauf des Taupunktes (Aufeinandertreffen von Warm und Kalt) zu beachten. Bevor eine Innendämmung ausgeführt wird, sollte zwingend eine Taupunktberechnung erfolgen. Der Taupunkt sollte soweit wie möglich im Mauerwerk liegen, damit Kondenswasser nach außen gelangen kann. Ein „Zuviel" an Wärmedämmung läßt den Taupunkt im ungünstigsten Fall in die Ebene der Dämmung wandern, was zu großen Schäden führen kann. Ganz wichtig ist das Aufbringen einer Dampfsperre zwischen Wärmedämmung und Innenwandverkleidung.
Instandsetzung	Instandsetzung bezeichnet in Abgrenzung zur Modernisierung die Reparatur bereits vorhandener, aber defekter bzw. abgenutzter Bauteile, Anstriche, Beläge, Anlagen und Geräte oder deren Ersatz durch gleiche oder ähnliche Teile. „Instandsetzung"

	und „Renovierung" sind bedeutungsgleich. Fließend dagegen sind die Grenzen zum Begriff der „Sanierung".
Isolierverglasung	Einheit aus mehreren Glasscheiben, die durch luft- oder gasgefüllte Zwischenräume getrennt, aber im Gegensatz zu herkömmlichen Doppelverglasungen luft- und feuchtigkeitsdicht miteinander verbunden sind.
Kerndämmung	Dämmung zwischen der tragenden Außenwand und einer Vor- oder Verblendmauer mittels Luft, festem Dämmaterial oder Schüttgut.
Kompakte Gebäudeform	Kompakte Gebäudeformen gelten als ein Ansatz, Wärmeverluste so gering wie möglich zu halten. Vor- und Rücksprünge eines Hauses vergrößern die Außenwandfläche und fördern Heizungsverluste durch Abstrahlung. Aus energetischer Sicht sollte das über Eck angebaute Wohnzimmer (Eßecke) passé sein. Günstig ist es, Wohnräume nach Süden und Westen zu orientieren und Nebenräume nach Norden (→ Zonierung). Mehrgeschossige Reihenhäuser weisen im Verhältnis den geringsten Anteil an Außenwandflächen auf und werden aus Energiesparsicht als optimale Gebäudeform empfohlen.
Konstruktiver Holzschutz	Der Begriff konstruktiver Holzschutz beschreibt Verarbeitungstechniken bei Holzbauteilen zum Schutz vor Regen und Feuchte. Kann Regenwasser von einer Brettschalung ablaufen, ohne daß es in den Übergang zum Mauerwerk gelangt oder Befestigungskonstruktionen schädigt, ist die Fassade konstruktiv geschützt. Tropfkanten, weite Dachüberstände, Wassernasen und offen verarbeitete Hölzer stellen einen konstruktiven Holzschutz dar, bei dem eine chemische Behandlung nicht notwendig ist.
Konvektionswärme	Konvektionswärme ist die Übertragung der Wärme durch flüssige oder gasförmige Stoffteilchen durch strömende Luft. Rippenheizkörper weisen geringe

	Luftströme auf, ihr Anteil an Strahlungswärme ist höher.
K-Wert	Der K-Wert (Wärmedurchgangskoeffizient) ist die physikalische Meßeinheit für den Wärmeschutz von Bauteilen und Gebäuden. Die Maßeinheit W/m^2 „K" ist die Wärmemenge (in Watt), die bei einem Temperaturunterschied von $1\,°C$ während einer Stunde von innen nach außen auf einem m^2 Fläche durch ein Bauteil verlorengeht. Als Anhaltspunkt gilt: je kleiner der K-Wert, desto besser der Wärmeschutz.
Lasur	Lasur ist ein nichtdeckender Anstrich, bei dem die Struktur des Untergrunds (in der Regel Holz) sichtbar bleibt und nur die Farblichkeit verändert wird. Lasuren lassen einen Feuchtigkeitsausgleich zu. Zu unterscheiden sind Lasuren auf Lösungsmittelbasis (oft jahrelange Ausgasung, zum Teil mit Bioziden versetzt) und wasserlösliche Lasuren.
Lehm	Lehm ist ein natürlicher Baustoff und zählt zu den ältesten Baumaterialien überhaupt. Er besteht im wesentlichen aus Gesteinsschluff, Feinsand und verwittertem Ton. Lehm läßt sich in verschiedenen Konsistenzen und Techniken verarbeiten und gewinnt, nachdem er lange Zeit „vergessen" war, beim ökologischen Bauen wieder an Bedeutung.
Lösungsmittel	Lösungsmittel werden auch als Lösemittel bezeichnet, sind flüssige Substanzen, die andere Stoffe lösen können, ohne sie chemisch zu verändern. Sie sind erforderlicher Bestandteil in Farben, Lacken, Lasuren, Abbeizern, Reinigern etc. Verwendet werden organische Verbindungen (Kohlenstoffchemie – oft gesundheitsschädlich), ungiftige Balsam- und Zitrusterpentinöle (können aber Allergien auslösen) und Wasser (z.B. bei Dispersionsfarben).
Mineralfasern	Mineralfasern werden aus Stein (Silikate, Naturstein) oder Glas durch Schmelzen und Verspinnen gewonnen und in energieintensiven Verfahren u.a. zu Dämmstoffen verarbeitet, die zumeist hervorra-

	gende Dämmwerte besitzen. Bei mineralischen Faserdämmstoffen steht die Feinstaubabgabe im Verdacht, Krebs zu erregen. Nach dem Einbau kann es durch Bindemittel, die bei der Platten- und Bahnenherstellung benutzt werden, zu gesundheitsschädlichen Gasabspaltungen kommen.
Modernisierung	Modernisierung eines Hauses bedeutet die Anpassung veralteter Bauteile und fester Einbauten, wie Heizungsanlagen und Einbauküchen, an moderne Standards. Im Gegensatz zur Instandsetzung, bei der Bauteile repariert und renoviert werden, findet bei der Modernisierung ein Austausch statt. Ersetzt werden bauphysikalisch bedenkliche Baustoffe und Heizungsanlagen mit geringem Wirkungsgrad. Zur Modernisierung zählen u.a. auch ein Dachausbau, ein neuer Hauseingang, die Erweiterung der Garage, neue Dacheindeckung, verbesserter Wärmeschutz, Dachaufbauten, ein Wintergarten.
Niedertemperaturheizung	Bei Niedertemperaturheizung wird das Wasser im Kessel abhängig von der Außentemperatur automatisch auf die erforderliche Temperatur erwärmt. Manuelle Vorgabewerte sind möglich. Während bei älteren Heizungen das Wasser mit einer Temperatur von bis zu 90°C in den Heizkörper eintritt (sogenannte Vorlauftemperatur) und mit ca. 70°C wieder zurückläuft, liegt die Vorlauftemperatur bei Niedertemperaturheizungen oft unter 50° C.
Niedrigenergie-Haus	Bei sogenannten Niedrigenergie-Häusern wird der Verbrauch von Energie durch ein Gesamtkonzept aus z.B. energiesparender Heiztechnik, der Nutzung erneuerbarer Energien und der passiven Sonnenergie, einer optimalen Wärmedämmung, der Luftdichtigkeit der Gebäudehülle sowie einer kontrollierten Be- und Entlüftung gegenüber den derzeit gültigen Wärmeschutzverordnungen auf bis zu 25 % reduziert. Die Baumehrkosten lassen sich vielfach durch die Einsparung bei den Energiekosten schon nach wenigen Jahren hereinholen.

Ortgang	Ortgang bezeichnet den Übergang von Giebelwand zu Dacheindeckung, also den Dachüberstand und die Dachuntersicht bei Häusern, bei denen das Dach über die Außenwand herüber reicht. Aber auch wenn kein Dachüberstand vorhanden ist, heißt die Kante zwischen Dach und Wand am Giebel Ortgang. Siehe auch Traufe.
Passive Sonnenenergienutzung	siehe auch Solararchitektur
PE-Folie	Folie aus Thermoplast (Polyethylen)
Photovoltaik	Während Sonnenkollektoren die Sonnenstrahlungsenergie zur Erwärmung des Wassers (Heizen, Brauchwasser) nutzen, umfaßt eine Photovoltaik-Anlage die Gesamtheit der technischen Einrichtungen, die zur direkten Umwandlung von Sonnenlicht in Gleichstrom und Gleichspannung erforderlich sind. Dazu gehören auch Akkumulatoren zur Speicherung der erzeugten elektrischen Energie in Form von Gleichspannung sowie Einrichtungen zur Umformung in haushaltsübliche Wechselspannung. Der erzeugte Solarstrom wird im Haushalt verbraucht bzw. bei Überschuß in das Netz des Energieversorgungsunternehmens eingespeist. Anlagen, die zugleich Warmwasser und elektrischen Strom erzeugen, werden auch als „Sonnengeneratoren" bezeichnet.
Polystyrol-Hartschaum	Polystyrol-Hartschaum ist ein aus Erdöl synthetisierter Kunststoff, der durch Polymerisation (Verkettung) von Styrol hergestellt und mit Kohlendioxid aufgeschäumt wird. Wie bei anderen Kunststoffen auch, ist die Herstellung sehr energieaufwendig. Im Brandfall und bei unsachgemäßer Entsorgung wird das gefährliche Styrol freigesetzt. Die Verwendung wird aus diesen Gründen nicht empfohlen.
Primärenergie	1. Gesamter Verbrauch an Energie für die Herstellung und Lieferung eines Bauteils, resultierend aus Abbau und Bereitstellung der Rohstoffe, Herstellungsprozeß und Transport.

	2. Bezeichnung für die Energiemenge, die bei der Herstellung von Versorgungsenergie (Strom, Wärme etc.) eingesetzt werden muß. So kommen z.B. von der im Kraftwerk eingesetzten Primärenergie nur rund 30 % als Strom beim Verbraucher an. Der Rest belastet als ungenutzte Abwärme die Umwelt, insbesondere die Atmosphäre.
PU-Schäume	Polyurethanschaum (oder Ortschaum) ist als Montage- und Dämmschaum vielseitig einsetzbar. Er ist normal entflammbar. Die Stiftung Warentest empfiehlt, wegen der Umwelt- und Gesundheitsbelastung (ozongefährdende Treibgase in den Dosen, z.T. Formaldehydbelastung) auf PU-Schaum möglichst zu verzichten.
PVC	PVC ist die Abkürzung für Polyvinylchlorid, ein Kunststoff, aus dem in der Vergangenheit die meisten Fußbodenbeläge hergestellt wurden (PVC-Beläge). Restmonomere in Kunststoffen wie PVC gelten als gesundheitsgefährdend.
Recycling	Verfahren der Abfall- und Bauschuttbeseitigung, bei dem Rohstoffe teilweise oder vollständig zurückgewonnen bzw. die Abfälle oder Bauschuttteile verarbeitet und einer andersartigen Verwendung zugeführt werden.
Renovierung	siehe auch Instandsetzung
Selbsthilfe	Bauleistungen, die durch die Bauherrschaft, Familienmitglieder oder Freunde und Bekannte ausgeführt werden, sind Eigenleistungen oder Selbsthilfetätigkeiten. Sehr viele Bautechniken und Ausführungsdetails sind besonders selbsthilfefreundlich, wie z.B. die 1-Mann-Bauplatte.
Solararchitektur	Solararchitektur nennt man Häuser und Gebäude, bei denen konsequent Maßnahmen der „passiven Solarnutzung" beim Bauen und Modernisieren einbezogen wurden. Ein Merkmal ist die Südorientierung der Baukörper mit hohem Fensterflächenanteil (Zonierung). Glaselemente (Wintergärten), licht-

	durchlässige Wärmedämmstoffe und hoch wärme-gedämmte Fassaden sind weitere Merkmale der Solararchitektur.
Sonnenkollektoren	Sie nehmen die Energie des direkten und des diffusen Sonnenlichts auf und wandeln diese in Wärme um. In einem Absorber wird eine spezielle Wärmeträgerflüssigkeit (Sole) durch Einstrahlung erhitzt. Die erhitzte Flüssigkeit fließt zu einem Wärmespeicher, gibt dort ihre Wärmeenergie ab und fließt abgekühlt zum Kollektor zurück.
Sparren	Sparren sind die schrägstehenden Kanthölzer eines Sparren- oder Pfettendaches und somit ein Hauptbestandteil der Dachkonstruktion. Bei ausgebauten Dächern liegt die Dämmung unter, zwischen oder oberhalb der Sparren. Sind Gauben oder Zwerchhäuser auf dem Dach oder sollen diese zusätzlich errichtet werden, müssen ggf. Sparren ausgewechselt werden.
Stoßlüftung	Stoßlüftung nennt man das weite Öffnen von Fenstern und Türen. Im Vergleich zu einem gekippten Fenster erfolgt im gleichen Zeitraum ein mindestens 10mal schnellerer Luftwechsel. Die Stoßlüftung gilt als gesünder und ist energiesparender.
Thermohaut	Der Begriff umschreibt die außenseitige Fassadendämmung, bei der Dämmplatten direkt auf den vorhandenen Putz geklebt oder gedübelt werden. Auf diese Platten wird dann ein sogenanntes Armierungsgewebe aufgebracht, das dem darauf aufgezogenen Kunststoffputz besseren Halt bietet.
Traufe	Eine Traufe ist die untere, horizontale Kante der Dachfläche/Lage der Dachrinne. Wenn die Traufseite eines Hauses parallel zur Straße verläuft, ist das Haus traufständig zur Straße, im Gegensatz zur Giebelständigkeit eines Gebäudes.
Wärmebrücken	Wärmebrücken am Haus sind häufige Ursachen für Gebäudeschäden. Der Sockelbereich, herrausragende massive Balkonplatten und schlecht gedämmte Betonbauteile wie Stürze und Pfeiler las-

	sen in der Heizperiode mehr Wärme nach außen abfließen als durchgehende Flächen ohne Öffnungen oder Sonderbauteile. Wärmebrücken sind Heizenergiefresser und können Bauschäden verursachen. Sehr verbreitet ist Schimmelbildung, denn an diesen kalten, nicht ausreichend gedämmten Stellen kondensiert feuchte Raumluft zuerst.
Wärmepaß	Einen Wärmepaß oder „Energiepaß" erhält jedes Haus im Zuge der Wärmeschutzberechnung nach dem Energiebilanzverfahren. Im Energiepaß ist der Jahres-Heizenergiebedarf des Hauses vermerkt. Am Energieverbrauch kann man ersehen, ob die geltenden Standards erfüllt oder überschritten werden.
Wärmepumpe	funktioniert umgekehrt wie ein Kühlschrank. Eine Wärmepumpe nimmt aus der Luft, dem Wasser oder dem Erdboden Wärme auf niedrigem Temperaturniveau auf und wandelt diese durch Verdichtung und Ausdehnung in Wärmeenergie mit höherem Temperaturniveau um. Sie wird meist im Sommer interessant, wenn man die Heizung ausschalten möchte und die Heizung nur für die Warmwasseraufbereitung laufen müßte.
Wärmeschutz-verordnung	Sie gilt in ihrer Neufassung seit dem 01.01.1995. Sie regelt die Mindestanforderungen an die Wärmedämmung für Neubauten, aber auch bei baulichen Erweiterungen und bei Instandsetzungen und Modernisierungen der Außenbauteile. In einem Bilanzierungsverfahren sind die Maßnahmen zu beschreiben, die den Heizwärmebedarf eines Hauses wirkungsvoll absenken. Bisher waren bei der Wärmedämmung von Wänden, Decken, Dächern und Fenstern bestimmte k-Werte vorgeschrieben. Das bisherige k-Wert-Verfahren ist jedoch bei kleineren Gebäuden noch in Kraft.
Wärmetauscher	Wärmetauscher sind technische Vorrichtungen, die es ermöglichen, daß zwei Stoffe (meist Luft und Wasser) ihre Wärme/Kälte austauschen. Leitet man

	z.B. heißes Wasser durch ein Rohr, wird die das Rohr umgebende kalte Luft erwärmt und das Wasser im Rohr abgekühlt. Umgekehrt erwärmt sich die durch ein Rohr geführte kalte Luft in einer überhitzten Umgebung und kühlt den dort befindlichen Stoff (Luft, Wasser etc.) ab. Wärmeaustauscher kommen u.a. bei Brennwertkesseln, Sonnenkollektoren und Wärmepumpen zum Einsatz.
Zelluloseflocken	Sie bestehen aus Altpapier, das mechanisch zerkleinert wird. Um den Brand- und Fäulnisschutz zu verbessern, wird den Papierfasern Borsäuresalz als Imprägnierungsmittel zugegeben. Dämmungen aus Zellulose können aus Säcken nach dem Einblasverfahren oder neu am Markt als Matten verarbeitet werden.
Zonierung	Der Begriff umschreibt bei Gebäuden Planungsprinzipien wie das Ausrichten von Bau- und Modernisierungsmaßnahmen auf Licht-, Wärme- und Wetterzonen hin. Ein Beispiel: Wohnräume, d. h. die Räume der Wohnung oder des Hauses, die man am intensivsten nutzt, sollten nach Süden und Westen, Nebenräume, Treppenhäuser, Abstellräume nach Norden ausgerichtet werden. Nach Süden und Westen bewirken große Fensterflächen neben einer günstigen Belichtung die Aufheizung der Räume; nach Norden gewährleisten möglichst geschlossene Fassaden und Öffnungen, die nur ausreichend für die Raumfunktion angelegt sind, den besten Wärmeschutz.